Berlin *crime*

Berlin *crime*

CINDIGO

1. Auflage 2015
Originalausgabe
©CINDIGO, der Buchverlag der
CINDIGOfilm GmbH, München & Berlin
Lektorat: Antje Steinhäuser
Fotos: N&P Joens

Satz & Gestaltung: Philip Joens
Druck: CPI books GmbH, Leck

Made in Germany
978-3-944251-40-0

Mehr über unsere
Filme, Musik, Bücher:
http://www.cindigo.de
facebook: CINDIGOverlag

Inhalt

Vorwort der Herausgeberin

nicole joens

Lust auf das dunkle Berlin? Zehn Autorinnen, fünf davon in Berlin lebend, schrieben für diese Anthologie eine abgründige Erzählung: Ein klassischer Moabit-Einsatz mit unerwartetem Twist, heimtückische Rachemorde, Borderline-Liebe bei Mauerfall, die düstere Welt der Bettelkinder, tödliche Freundinnen-Rivalität, Verquickungen zwischen einem Engel, Kinderporno und der heutigen Politik, Schwarzmarkt nach dem Krieg, der Tod einer Medienfrau, ein mysteriöser Nachbar und eine geraubte Kalligrafie. Mit literarischer Finesse, vibrierendem Spannungssog und auch fantastischen Elementen spüren die Autorinnen Berlins dunklen Seiten nach. Vom Alexanderplatz bis nach Zehlendorf ist die Mischung vielfältig, subtil, spannend und bisweilen explosiv – und zeigt, wie einfallsreich die weibliche Fantasie erzählt.

Berlins dunkle Seite hat es in sich!

März 2015

Borderline

christine paxmann

»**Betritt** den Todesstreifen nicht!«, fuhr er sie an, als sie auf Strümpfen über die unordentliche Kante zwischen Linoleum und Steinplatte tapste, der kleinen Schutzzone vor dem Kanonenofen, mit dem man die Mansarde notdürftig heizen konnte. Immer bemüht, keinen Lärm zu machen, seine Kreise nicht zu stören, schob sie nun Socke vor Socke. Sollte wohl witzig klingen, sein erster Satz seit Stunden. Er dachte nach. Über sich, vielleicht auch über sie. Und über die Welt, die an diesem Tag aus den Fugen geraten sollte, Fugen, die seit fast fünfzig Jahren versiegelt waren, durch einen Vorhang aus Eisen und noch mehr Beton zwischen einem einzigen Land.

Er saß auf dem Holzstuhl mit dem krakeligen Blätterlack in Senfgelb. Eine Zeitung auf Hemdhöhe, um sie besser fixieren zu können. Das Kinn zu einer uneinnehmbaren Burg verhärtet, am Hals Adern wie das Nildelta, die Augen von Güte so weit weg wie ein Scharfrichter.

Sie hatte sich die Zeitenwende reichlich anders vorgestellt. Mit mehr Romantik, in der kleinen gemieteten Westberliner Wohnung nahe der Mauer, in einem Bezirk, kopfsteinpflastergrau konserviert wie nach dem Krieg. Viel Kohleheizung, wenig Komfort. »Wir müssen das mal spüren«, hatte er es ihr vor Wochen erklärt, als klar war, dass das Unvorstellbare eintreten würde, und sie über Silvester sprachen. Ihr war es eigentlich egal. Hauptsache, sie verbrachten es zusammen. Dann also Wiedervereinigung und eine Stadt, die den größten Sprung seit ihrer Gründung machen würde. Berlin, das den Dornröschenschlaf der Geschichte hingelegt hatte. Ein Riesenmuseum mit Zille-Setting und sie beide mittendrin, mit dem wohligen Wissen, dass es nur geborgte Exotik war und man alsbald wieder in den komfortablen »Westen« zurückkehrte. Wäre da nicht die Mauer gewesen. Nicht *die* Mauer, die ja bald nicht mehr sein sollte. Sondern die Mauer zwischen ihnen beiden. Ihm, dem Älteren, und ihr, der Jüngeren. Ihm, dem Erfolgreichen, und ihr, der noch Suchenden. Ihm, dem zwei Mal Verheirateten, und ihr, die gern Nummer drei werden wollte. Ihm, dem Bestimmer, und ihr der Folgsamen. Ihm, dem Launischen, und ihr, der Ausgleichenden. Vielleicht hatte es an dem muffigen Geruch aus Erbssuppe und kalter Kohle gelegen, dass sich seine Laune schon beim Betreten des Hauses in ein explosives Gemisch wie Cola mit Mentos verwandelt hatte. Sie kannte das. Der Cocktail war fester Bestandteil ihrer Beziehung. Launen-Hopping zum Anheizen. Hochheben und fallen lassen als Dauerregieanweisung, allerdings mit frei verstellbarer Zeitschaltuhr. Unberechenbar verletzlich und verletzend zugleich. Jedes Wort konnte nun über den Verlauf des Tages entscheiden.

Warum sie das mitmachte, hatten sämtliche ihrer Freundinnen gefragt und allmählich die Lust an den brüchigen Geschichten verloren, die immer und immer damit endeten, dass sie sich einbildete und auch kundtat, als Einzige diesen Mann heilen zu können.

»Männer ändern sich nicht mehr, sobald die Schmach mit den Windeln vorüber ist«, sagte ihre beste Freundin, und fügte gern ein »Der muss ja Qualitäten haben, die nur bei Neumond leuchten« hinzu.

Natürlich verletzte es sie, wie niemand so recht die Größe ihrer Aufgabe erkannte. Auf der anderen Seite war sie klug genug, die verfahrene Situation selbst zu beurteilen. Seit vier Jahren hatte sie sich in eine hausgemachte Diktatur verliebt, und jeden Tag setzte er einen Stein auf die Mauer um sie herum. Sie konnte nicht mit ihm, aber auch nicht ohne ihn. Jeder Fluchtversuch war zwecklos, sie hatte es zwei Mal versucht. Einmal mit einer Affäre. Ein andermal mit einer Paartherapie. Der Nebenbuhler hatte bald aufgegeben. Der Therapeut hatte zu einer Trennung geraten.

»Kann man das Scheißding auch heizen!« Seine Stimme hatte im Subtext eine Anklage. Als ob sie sich diese Wohnung ausgesucht hätte. Doch die Wahl beim B&B-Service hatte ganz alleine seine Sekretärin zu verantworten, von der sie nicht ganz sicher war, ob die nicht auch für andere Dienste taugte und sich nun mit dieser Wohnung für Feiertage allein daheim rächte. Schließlich sind Silvesterabende ziemlich heikle Punkte im Beziehungsgeflecht. Und die Geliebte ist der klassische Ersatzspieler.

In seinem Blick lag Ungeduld, obwohl sie schon Brikett für Brikett in die Klappe schob und geknülltes Zeitungspapier hinterherwarf.

»Hast du eigentlich nur den Hauch einer Ahnung, welchen Moment wir vor uns haben?« Am Timbre in seiner Stimme erkannte sie, dass der Höhepunkt seiner Laune noch nicht erreicht war. Erst mal alles im Umkreis von zehn Metern demontieren.

Sie hätte zu gern gesagt, dass ihr der Moment herzlich egal war. Aber dann wäre er aufgestanden und hätte sie mit der kalten Kohle in der Luft und dem Erbsenmief allein gelassen. Von der Erniedrigung ganz abgesehen, die er ihr noch verbal zugefügt hätte. *Keine Weitsicht, kein Geschichtsempfinden, nicht wissend, wie es in ihm aussehe, er, der seine Wurzeln im Osten gehabt hatte, keinen Sinn für Größe. Ein Nichts, ein Homunculus.* Ja, mit Goethe fühlte er sich verwandt. Und sie bekam die viel plumpere Rolle der Vulpius.

Seit dem 9. November war die Welt nicht mehr geteilt. Aber als ob die Summe aller Mauern auf der Welt immer gleich bleiben müsste, hatte er die Mauer zwischen ihnen beiden nur noch höher gebaut. Immer öfter hatte er sie wissen lassen, dass für *das große Ganze* wohl ihr Hirnchen zu klein wäre. Vielleicht fehlte ihr tatsächlich das verbale Rüstzeug, um sich seinen Unverschämtheiten entgegenzusetzen oder sie war gefangen in seinem Kokon aus Liebkosungen und unvorhersehbaren Erniedrigungen. Denn darauf folgten verzweifelte Nächte voller Versöhnungssex und Beteuerungen.

Sie musste ihn dann halten, Kopf zwischen den Brüsten, und ab dem Schoß einem Knoten aus Beinen, weil die geteilten Welten in ihm nicht zur Ruhe kommen wollten. Was war sie glücklich in diesen Momenten, wenn sie für fünf Minuten das Gefühl hatte, den großen wütenden Mann mit einem lächerlichen Trick der Natur, nämlich mit ihrem mädchenhaften Frauenkörper, sediert zu haben! Sie war zwar nicht blöd, und natürlich war ihr klar, wie verkorkst das war. Aber bislang hatte dieser Kick ausgereicht, sich jedes Mal aufs Neue an der Bekloptheit einer Persönlichkeitsstörung aufzugeilen.

Jetzt kniete sie wieder, nicht nur bildlich, sondern real vor ihm, die Hände bis zu den Ellenbogen verrußt, und sein Gesicht war zu einer Maske erstarrt, die sie längst kannte. Wenn dieser verdammte vorsintflutliche Bollerofen nicht bald losdampfen würde, käme es zum kalten Krieg. Seine Backenzähne mahlten. Das fünfte Streichholz brach ab. Warum auch immer ihr jetzt die vielen Brandspuren im Linoleum rund um den Ofen auffielen. In dieser Wohnung gab es allerdings nicht viel, um sich abzulenken, zwei Stühle, wohl vom Sperrmüll, und eine Matratze, ein pockennarbiges Tischchen aus den Fünfzigern, ein verkalkter Teekocher und ein irdenes Spülbecken. Die Dusche, das Klo auf dem Gang.

»Ich kann das hier kaum ertragen!« Seine Laune nahm Anlauf. Die Stimme hing in dem hohen Raum fest. Das sechste Streichholz brach ab. »Du hast kein

Gefühl für die Situation, es war ein Fehler dich mitzunehmen!«

Sie wusste, er würde sich am nächsten Tag für genau diese Worte entschuldigen, würde sie um Verzeihung bitten. Doch das Raumklima, die Erbsenluft und dieses permanente hehre Gewinsel um den Fall der Mauer, hatten sie dünnhäutig gemacht. Sie erhob sich. Sie würde das Feuer nicht entfachen, wozu auch, sie wollten doch ans Brandenburger Tor. Zusammen mit einer halben Million Menschen, aus dem zweigeteilten Deutschland eines machen. Und das in nur einer Nacht.

Er hatte beim Aufstehen seinen Stuhl umgestoßen und ihr die Streichhölzer aus der Hand gerissen.

»Nichts hast du begriffen!«

Tatsächlich begriff sie nicht, warum ein großes politisches Ereignis ihn derart mitnahm, dass alles, was sich in seiner unmittelbaren Nähe befand, zu Fidibus verarbeitet wurde. Heizmaterial für seine Launen. Zündelkram im Beziehungshochofen, der von ihm auf einer Temperatur gehalten wurde, die nur er aushalten konnte.

»Lass uns was essen gehen!« Sie flüsterte mehr, als dass sie sprach. Weltenschicksal gegen Currywust. Öl auf seiner Wut. Doch da hatte er schon den Mantel in der Hand. Lodernde Augen. Und sie beeilte sich, hinter ihm herzukommen.

Berlin kann sehr kalt sein. Und am 31. Dezember 1989 schoben sich, von kaum einer Mauer mehr gehalten, kontinentale Russlandwinde durch die neu erwachte Stadt. Sie hastete hinter ihm her, er die Fäuste in seinen teuren Tweed geschoben, durch Straßen ohne Laternen und über Pflaster aus einem Kulissenfilm. Berlin war überfordert. Überrollt von all den friedensbewegten Helferlein, die ein Land mit Willkommensbananen kitten wollten. Unabdingbar dafür war das rituelle Durchschreiten der Mauer. Auch er wollte das. Sie wollte nur seine Mauer durchbrechen. Aber Hunger ist kein guter Rammbock, Kälte ist nicht gesellig. Je näher sie dem Brandenburger Tor kamen, umso größer wurden die Menschenströme. Sämtliche Restaurants waren wegen Überfüllung geschlossen. Keine Wurstbude, die nicht das Geschäft ihres Lebens machte.

Sein Zorn arbeitete sich an der zerrütteten Gastronomie ab, als sie schon längst die Hoffnung auf ein friedliches Silvester aufgegeben hatten und in einem pulsierenden Pulk auf eine geahnte Öffnung in der Mauer zuwogten. Zehntausende Menschen und ein Durchgang wie zum Heizungskeller. Darin Volkspolizisten, die dem Chaos mit Dienst nach Vorschrift begegneten und nach Passierscheinen fragten, während über ihren Köpfen die Mauer zum Klettergarten wurde oder zum großen Steinbruch für Souvenirjäger.

Sie versuchte nur noch, mit ihm Schritt zu halten, nachdem er der Vopo die Wichtigkeit des Moments und auch ein wenig die seiner Person erklärt hatte. Doch dann das theatralische Innehalten. Sie kannte das. Leuchtfeuer in einem irren Hirn. Er umarmte die Wachposten, fingerte an den grauen Dienstgradabzeichen herum und an seinen feuchten Lidrändern erkannte sie das Ende der Eiszeit. Gleich würde er sentimental werden. Nur, im Gegensatz zu ihr waren die Grenzhüter der Deutschen Demokratischen Republik immun gegen die emotionalen Sinuskurven eines Borderliners. Nichts mit großer Verbrüderung und West-Ost-Vermählung. Tatsächlich mussten sie beide ihre Pässe herzeigen, um durch das Loch in der Mauer auf die Seite Unter den Linden zu gelangen. Die Vopos wachten ungerührt und von letztem kommunistischen Filz gestützt und verbargen, was sie bewegte. »Traumatisierte Menschen, sie müssen es erst begreifen«, flüsterte er ihr ins Ohr und nahm dabei ihre Hand, um sie durch den schmalen Durchgang auf die andere, fremde Seite der Mauer zu ziehen. Endlich. »Denkt an meine Worte«, hatte er den historisch letzten Wachleuten der DDR zugerufen, bevor sie vom Westen in den Osten der Stadt wechselten wie Alice im Wunderland durch die Hecke. Leider ging ihr schon wieder der Sinn für das große Ganze ab. Sie hatte immer noch Hunger, mehr als das, sie war in einer Phase der Unterzuckerung, in der sie auch ungesetzlich werden konnte. Die Aussicht darauf, in einem Meer von Brüdern aus dem Osten und Schwestern aus dem Westen zu warten, bis das neue Jahr anbrach, entfachte in dem Hungerpochen ihres Bluts ganz neue flaue Wellen. Nie und nimmer würde sie hier die nächsten Stunden aushalten können! Aber von diesem Platz vor dem Brandenburger Tor je wieder wegzukommen, wurde immer unwahrscheinlicher. Backe an Backe Glasnost und Prosit! Seine Laune wurde in dem Maß blendender je mehr sie panisch wurde.

»Ich will hier raus! Revolution auf nüchternen Magen bekommt mir nicht« Welch ein Mut, so ehrlich wie schon lange nichts aus ihrem Mund. Schließlich gehören zum Mauerbau auch immer zwei. Einer, der baut, und ein anderer, der sich einmauern lässt.

Sie stemmte sich gegen seinen enthusiastischen Schritt, sein Eindringen in die Menschenmenge, die so glücksbesoffen völlig geimpft schien gegen jegliche Platzangst oder andere Gefahren. Aus den Manteltaschen sämtlicher Wiedervereiniger ragten Sektflaschen und Böller. Wir gehören zusammen-Transparente wedelten über ihren Köpfen die letzten Zweifel nieder, ob es sich hier um einen ganz, ganz fetten Moment der Geschichte handelte.

»Wie kannst du in einem solchen Augenblick ans Essen denken?« Seine Augen spiegelten den Schein der Feuerzeuge, Wunderkerzen und Straßenfunzeln im glimmenden Menschenmeer, das sich bereits bis weit Unter den Linden zu einem dampfenden Knäuel verdichtet hatte.

Sie hielt dem Blick aus seinen Zornaugen stand. Hunger macht kämpferisch.

Mit einer fast groben Drehung zog er sie in eine Nebenstraße, in der sich die Dunkelheit wie ein gasförmiges Monster zwischen die Häuser zwängte. Unrenovierte, rußige Fassaden, Einschusslöcher vierundvierzig Jahre nach dem Krieg, lauter Franz Biberköpfe unter wippenden Funzeln, als hätte Döblin gerade erst »Berlin Alexanderplatz« geschrieben.

Aus einem räudigen Souterrain drang schales Licht und Gläserklirren. Fast schubste er sie die Stufen zu dem Gastraum hinunter. Sie musste als Erste durch die Türe, hinter der Stimmen aufgellten, undeutlich von zu viel Bier und schon gehaltenen Stammtischreden, die dann verstummten, als sie die Tür aufgedrückt hatte und von ihrem Begleiter in die Wirtsstube geschoben wurde, in der man gegen Zigarettenrauch und Bratfettdunst kaum ankam. Bald nahm das Raunen wieder Fahrt auf, nach der ersten Musterung und der Einschätzung, dass sich da draußen tatsächlich was getan hatte, wenn Westtouristen den Weg hierher fanden. In dem gelb getünchten Raum standen Holztische, um die sich viel zu viele Menschen drückten.

Sie wäre so gerne wieder raus, ihr Hunger war wie weggeblasen, oder besser weggeraucht. Doch er hatte gerade neues Futter für seine geschichtsträchtige Mission gefunden, die Authentizität. Wo, wenn nicht hier? Menschen in den letzten Minuten ihrer Abgeschiedenheit der Diktatur. Planwirtschaftliche Mettbrötchen von gigantischem Ausmaß, die letzten kommunistischen Salzgurken und Graubrot wie aus dem Chemiekombinat. Das würde ihm niemand nehmen können, dass er fünf Minuten vor der Wiedervereinigung mit den Restgenossinnen und -genossen noch einen gehoben hatte. Zwei Schnaps, zwei Bier, zwei Mett, viel Zwiebel. Sie kannte ihn nicht wieder, er, dem es beim Essen gehen nicht fein genug sein konnte, kehrte den einfachen Genießer raus, hockte sich zu schwadronierenden Endzeit-DDRlern an den Tisch, und zog sie, sein Anhängsel, auf seinen Schoß, weil mehr als ein Stuhl für den neugierigen Westen nicht frei gemacht wurde. Sie hätte sich fremdschämen mögen, wenn es noch einen Hauch für Moral in ihrem leeren Magen gegeben hätte. Oder noch einen Hauch von Liebe für diesen Mann, dem die Launen wie die Schüttelbilder im Kaleidoskop durcheinandergeraten konnten, wenn man ihn nur leicht antippte. Hier in einer Spelunke der Vergangenheit riss er die Mauer nieder. Eine gute Laune wie seit Tagen nicht und dieses *Man könnte die Welt umarmen* im Blick. So derart beschickert vom historischen Voyeurismus biss er in den rosa-weiß gemusterten Fleischberg auf Brot, der ihm mit einem »Eemal jehackt mit Pfiff, wa« vom Wirt in die Hand gedrückt wurde.

»Da, es ist köstlich!« Neben seiner Lippe hatte sich ein Mettfetzen selbständig gemacht und die frisch zerkaute Zwiebel gab die Duftkulisse. Er schob das angebissene Brot bis an ihre Lippen. Scharfer Geruch auf rohem Fleisch, sie hätte würgen können. Schob die Hand mit dem Brot von sich. Er schüttete den Kopf. »So fein heute, an dem Tag an den sich alle erinnern werden? Vielleicht mit Messer und Gabel?« Er reichte ihr ein in eine graue Papierserviette eingedrehtes Besteckset aus Leichtmetall. Das Messer ein blecherner Dolch, seltsam spitz, die Gabel mit Zinken, die in alle Richtungen standen.

Mit einer angewiderten Bewegung stach sie in das Schweinemett, drang in die faschierte Masse ein und wühlte sich durch das Graubrot, dass es bröselte. Sie stieß das Messer immer tiefer, spürte schon seine Handfläche und wollte nicht aufhören. Aber er merkte nichts mehr, die Glückshormone durchströmten ihn, ihn, der bis vor wenigen Minuten schon die Trennung von ihr erwogen hatte, weil sie im wichtigsten Moment des Jahrhunderts an Essen gedacht hatte. Adrenalin pur machte ihn sentimental, gleich würde er den Kopf zwischen ihre Brust schieben. Vor allen Augen. Sie sprang auf. Welche Reize brauchte eigentlich sie, damit sie endlich zur Vernunft kam? Eine Kaschemme am Ende der Welt, Hunger, dichter Rauch mit fettem Essen? Sein Launekarussell? Eine durchstochene Hand? Waren es endlich genug Zeichen, um sie zu bewegen? Sie rutschte von seinen Knien. Rannte hinaus, hetzte jene Straße entlang, an die sie sich erinnern konnte, dem dumpfen Dröhnen Hunderttausender entgegen, die aus den Manteltaschen Raketen steigen ließen und die noch westdeutsche Nationalhymne skandierten. Der Keller war das Synonym für ihren Beziehungsstand gewesen. Sie brauchte starke Auslöser, ganz offensichtlich. Am Ende der Straße eine Mauer aus Menschen. Irgendeine Mauer brauchen die Menschen wohl immer. Hier noch durch und dann noch durch die Mauer, wo aus dem Nadelöhr von vor wenigen Stunden ein immer breiteres Loch wurde, weil die Vopos kapituliert hatten. Schließlich zurück in die kalte Wohnung, die Sachen holen.

Jetzt rannte sie, merke nicht, dass sie in der Hand noch das Messer hielt. Erst als die Menge entsetzt zur Seite wich, weil sie das Messer auch zum Durchkommen einsetzte. Nicht scharf aber spitz, konnte es sich schmerzhaft durch Mäntel, in Handrücken und Leiber bohren, wirksam und unerwartet, immer begleitet von kleinen Mettresten. So kam sie durch bis zu einer U-Bahnstation, die sie kannte. Jetzt oder nie. Er würde ihr heute nicht nachkommen, um sie doch wieder davon zu überzeugen, dass ihre Beziehung zwar schwierig, aber nicht hoffnungslos war. Heute würde er die Welt retten, auch ohne sie, und Teil des Weltgeschehens werden.

Als sie die Wohnung erreicht hatte, stellte sie erleichtert fest, dass sie den Schlüssel eingesteckt hatte. Kleine Zeichen, dass ihr Weg der richtige war. Jetzt nur noch schnell die Tasche nehmen und noch heute aus Berlin verschwinden. Auch sie würde sich dann an diesen Tag immer erinnern. Der Tag, an dem sie die Mauer überwunden hatte. Als sie schon fertig gepackt hatte, fiel ihr das Messer wieder ein. Dieser blecherne Dolch, der leicht wie eine Feder in der Hand lag und in seiner Windigkeit trotzdem effektiv war. Sie legte einen Zettel auf den kleinen Tischs, dem schon viele Generationen Wunden zugefügt hatten, kritzelte ein »Grenze überschritten« darauf und pinnte ihn mit dem Blechmesser auf der Platte fest. Es gab nichts mehr zu sagen. Sie sah sich noch einmal um, schulterte dann ihre Tasche und verließ die Wohnung mit dem kalten Kohlegeruch und den wenigen schäbigen Möbeln. Es war eine halbe

Stunde vor Mitternacht. Die Wiedervereinigung würde nicht ihre sein. In dieser Stadt hielt sie nichts mehr. Vermutlich würde sie der einzige Mensch sein, der in dieser Nacht vor dem Weltgeschehen floh. Und wahrscheinlich war es die beste Nacht, um ihn zu verlassen. Er würde es nicht merken, bis die letzte Rakete über dem Brandenburger Tor verraucht war. Und er würde sich durch sie nicht abhalten lassen, den historischen Moment zu erleben. Vorausgesetzt, das Zwiebelmettbrötchen würde ihm keine Verdauungsbeschwerden liefern, wie sonst alles Grobe, Derbe und Bäuerliche, das er so vehement ablehnte, um sich von seiner Kindheit zu distanzieren. Aber was war schon die eigene Biografie gegen ein geschichtliches Monumentaldatum. Endlich hatte auch sie begriffen, dass sie nur Staffage in seinem persönlichen Blockbuster war.

Im Hausgang brannte nur eine milchige Funzel, in jedem zweiten Stockwerk klickte sich die Beleuchtung ganz weg, und sie musste nach den Lichtknöpfen suchen, die sich noch vorsintflutlich durch eine Drehbewegung anschalten ließen. Dabei stieß sie ständig mit ihrer Tasche an den abgeschabten Ölanstrich, der bis zur halben Wand in Schimmelgrün verlief und den Hausgang zum Aquarium machte.

Am letzten Absatz rutschte sie ab, schabte mit dem Knöchel an der Stufenkante Haut von ihrem Schienbein und strauchelte die letzten wenigen Zentimeter. Sie schrie leise auf und fasste sich an ihr Bein. Das Licht ging wieder aus. Als sie den nächsten Drehknopf gefunden hatte, sah sie das Blut an ihren Händen. Und ein wenig davon am Lichtschalter. Ungeduldig wischte sie ihre Hand an ihrem Mantel ab. Kaum merkliche Spuren auf dem grau-grünen Grund. Der Riemen ihrer Tasche schnitt ihr jetzt schon in die Schulter. Nur noch ein Schritt zur Haustür, die sich nur zäh öffnen ließ, weil die Türfeder zu stramm eingestellt war. Mit ganzer Kraft musste sie sich dagegenstemmen, ziehen, durchschlüpfen, die Tasche mit durchziehen. Das Bein schmerzte sehr. Kalte Luft schlug ihr entgegen. Und der typische Geruch nach Schwarzpulver. Hier im Westen der Stadt, hinter oder vor der Mauer, erklangen die Glocken, es war Mitternacht. Bestimmt umarmte er jetzt Wildfremde. Sie wollte den Gedanken gerade weiterdenken, um zu sehen, ob er ihr etwas ausmachte, da kamen zwei Männer auf sie zu. Lederjacken vom billigsten und Gesichter wie Zement.

»Sind Sie Frau Vermeer, Angela Vermeer?«

Sie nickte mechanisch, auf der anderen Seite, was ging die beiden das an?

Da zückte einer der beiden schon einen Ausweis. Polizei.

»Sie waren heute in Ostberlin?«

Wieder nickte sie.

»Allein?«

Sie schüttelte den Kopf.

»War Herr Sand bei Ihnen, Philip Sand?«

Jetzt legte sie den Kopf schief.

»Wann haben Sie ihn verlassen?«

Sie wollte antworten »Viel zu spät«, aber das wäre nicht die Antwort gewesen, die sie hören wollten. Sie schluckte.

»So gegen Viertel nach elf, halb zwölf ... warum?«

»Wie ist ihr Verhältnis zu Herrn Sand?«

Wie sollte sie das beantworten? *Seit einer halben Stunde getrennt. Mauerbau mal anders. Eine Mauer fällt, die andere wird errichtet?*

»Frau Vermeer, antworten Sie!«

»Wir haben uns getrennt ... also, eigentlich waren wir auf dem Weg zum Brandenburger Tor, Silvester feiern ... und dann bekam ich Hunger, und dann kam das Mettbrötchen!« Sie wusste, dass das gänzlich behämmert klang und sie für die Herren ziemlich unglaubwürdig machte. Deshalb fügte sie ein »Was ist passiert?« an. Doch die beiden Herren waren nicht auf Konversation aus.

»Was haben Sie da an der Hand?«

Sie sah auf ihr Handgelenk, an dem noch Spuren ihres kleinen Unfalls vorhin auf der Treppe zu sehen waren. Die beiden Typen hoben synchron die Augenbrauen und starrten dann auf die dunkelbraunen Schlieren auf ihrem Mantel.

»Können wir mit hoch kommen, Sie wohnen hier? Wir haben bei Herrn Sand die Adresse gefunden.« Die Stimmen der beiden Polizisten, die abwechselnd ihre Fragen stellten, unterschieden sich kaum, fiel ihr auf, während die beiden sie zurück ins Haus drückten, wieder durch die zähe Türe, die Stockwerke hoch, mitten durch Licht aus und Licht an. Sie schloss die Wohnungstür, die sie vor nur wenigen Minuten so entschlossen verlassen hatte, wieder auf. Wurde von den beiden in die Mitte des Raums geschoben. Vor den kleinen Tisch. Auf dem das Messer steckte mit ihrer Nachricht.

Grenze überschritten

»Was, was ist mit Philip?« Ihre Stimme klang unsicher.

»Herr Sand ist tot. In der Nähe einer Kneipe auf Ostberliner Grund gefunden. Erstochen.«

Ganz langsam sackte sie zu Boden.

Die beiden Polizisten sahen sich an.

»Sie werden uns da viel erklären müssen, Frau Vermeer. Besser Sie kommen jetzt mit aufs Revier, so eine Silvesternacht kann lang werden.«

Sie erhob sich langsam. Sie würde ihn nicht loswerden. Er hatte eine Mauer errichtet bis in den Tod.

Es dauerte drei Wochen, bis bewiesen war, dass Angela Vermeer ihren Lebengefährten Philip Sand nicht umgebracht hatte, sondern er vielmehr Opfer einer Handgreiflichkeit in den Irrungen der Silvesternacht 1989/1990 geworden war. Drei Wochen, in denen die Zusammenarbeit zwischen Westpolizei und einer sich auflösenden Volkspolizei nicht reibungslos funktionierte, weil eigentlich nichts mehr funktionierte. Drei Wochen, in denen stattdessen die Berliner Mauer Stein für Stein abgetragen wurde. In denen immer mehr Menschen von Ost nach West wechselten, um sich zu befreien, und viele Menschen aus Neugierde in den Osten kamen, um einmal über Freiheit nachzudenken.

In der Untersuchungshaft gab es jeden zweiten Tag Mettbrötchen. Nach drei Wochen durfte Angela Vermeer die Vollzugsanstalt Moabit verlassen, es war der 20. Januar 1990. Philip Sands Versuch oder Laune, Teil der Weltgeschichte zu werden, war ihm zum Verhängnis geworden. Und hatte ihr Gefängnis verlängert.

Der Geruch von Erbssuppe, Kohle, Schwarzpulver und Mettbrötchen verursachen ihr bis heute Migräne. Was ja nichts andres ist als eine Mauer im Kopf.

Dunkles Moabit

katrin deibert

»**So** ein Quad, verstehste?«

»Yep.«

»Einfach rumheizen in Karow, über die Felder, verstehste? Kannste einfach nicht umfallen wegen die vier Räder, die det Ding hat. Verstehste, Russe?«

Der Funkwagen schlich im Schritttempo lautlos durch die Straßen Moabits. Es brachte nichts, Milo zu sagen: » Ja, ich verstehe! Nichts was du sagst, ist schwer zu verstehen. Noch nicht ein Mal in den drei Jahren habe ich erlebt, dass du etwas von dir gegeben hast, was schwer zu verstehen gewesen wäre.« Milo wusste vermutlich nicht einmal, dass er die Floskel ständig benutzte. Komisch, dass Andi sich nicht daran gewöhnte, es schien ihn von Schicht zu Schicht mehr zu nerven.

Seine Kollegen nannten Andi »Russe«, wie so häufig bei Spitznamen wusste später niemand mehr, wer den Namen zuerst ausgesprochen hatte. Geboren in Berlin, trug Andi die Haare immer kurz rasiert, bevorzugte einen sportlich legeren Kleidungsstil und sah in Uniform einen Tick militärischer aus als andere Polizisten. Eigentlich nichts Russisches, aber Bullen gaben sich Spitznamen. Auch bei Einsätzen wollte man sich ansprechen, und wer wollte schon riskieren, dass ein »Bürger dieser Stadt« zu genau hinhörte. Also kam es nicht darauf an, ob sein Name einen Bezug zu ihm herstellte, den er nicht verstand, oder einfach aus einem Wortspiel oder Witz gebildet worden war.

Andi massierte seinen kurz geschorenen Schädel, eine Angewohnheit, die ihn beruhigte. Er dachte zuviel nach. Für einen Streifenbullen dachte er einfach ständig zu viel nach. Er bog in die Jagowstraße ein. Von Alt-Moabit klang Musik herüber: eine billige Kapelle versuchte die Stimmung anzuheizen. Das »Turmstraßenfest« war in vollem Gange. Es teilte Moabit in zwei Hälften. Sie streiften südlich der Turmstraße, deckten alleine einen riesigen Bereich ab. Heute Nacht dackelte der Großteil der Streifen zu Fuß über das Fest. Wich weggeworfenen Pommesresten oder Pizzaecken aus, schlichtete Streitereien, versuchte Taschendiebe zu verschrecken und die kippelige Ordnung so gut es ging aufrecht zu halten. Wenn Milo und er einen Auftrag bekämen, wären sie erst einmal auf sich gestellt. Andi fuhr trotzdem lieber durch die dunklen ruhigen Straßen, schaute auf die leeren Bürgersteige und verwaisten Hauseingänge, als sich auf dem Fest zwischen die immer betrunkeneren Moabiter zu drängeln.

»Ich könnte was essen, verstehste?«

»Yep.«

Andi steuerte den Wagen in Richtung eines Thai-Imbisses, den sie nachts gern besuchten. Das Funkgerät brach in ihre gemütliche Stille ein:

»West 303 mit Eilauftrag, Elberfelderstraße 53, Müller. Hilferufe weiblich aus Wohnung im 2. OG, vermutlich HaGe. Anruferin Krüger erwartet. Quittiert Eigensicherung!«

Milo drückte die Sprechtaste und sagte: »Verstanden, Eigensicherung quittiert!«

»Russe, heute müssen wir ganz ruhig bleiben, dauert bestimmt eine Weile bis eine zweite Streife da ist. Verstehste?«

Während Milo noch sprach, schaltete Andi schon das Blaulicht an, und riss das Steuer herum. Er merkte, wie seine Schultern sich anspannten. Während sie hier rumgondelten, wurde eine Frau geschlagen. Er trat das Gaspedal bis zum Bodenblech durch. Nur zwei Minuten später stellte Andi den Wagen auf den Bürgersteig vor der Elberfelder 53. Er zog Lederhandschuhe an. Seine Fäuste glänzten im Licht der alten Gaslaterne. Noch vor Milo erreichte er den Knopf neben dem Schild mit der Aufschrift »Krüger«. Frau Krüger stand im Bademantel vor der Tür, als Andi die Treppen hochgestürmt kam. Milo ächzte einen Absatz unter ihm. Nestelte beim Steigen schon an seinem Pfefferspray.

Die Frau zeigte nach oben.

»Links, bei Müller, sie sehen ja janz jut beeinanda aus, mein Hübscher, können sie den mal Mores lehren. Det geht beinah jede Woche so. Jetzt hab ich euch mal gerufen. Irgendwann will man ja selber auch mal zur Ruhe kommen … wird ja auch nicht jünger, wa.«

Andi klingelte bei »Müller«, kein Laut. Er klingelte noch einmal, länger.

Ein kleiner, runder Mann im Oberhemd öffnete die Tür. Er lächelte so strahlend, als habe er seine Glatze zusammen mit dem Gesichtsausdruck poliert. Er streckte Andi die Hand entgegen.

»Die Herren von der Polizei? Waren wir zu laut?«

Andi nahm die angebotene Hand nicht.

»Wo finde ich Ihre Frau?« Er schob den Mann beiseite und trat in den Flur.

»Sie ist in der Küche, es geht ihr gut.«

Andi lief durch den hell erleuchteten Flur. Von oben beleuchteten LED-Strahler die in hellem Holz gerahmten Fotografien von weitläufigen Landschaften. Seine Absätze klackten auf dem Laminat.

Er ging weiter bis in die Küche, ein großer Raum mit beigen Hängeschränken, bestickte Gardinen am Fenster, Jahreszeitendeko auf dem Bord.

Wie ein Fremdkörper saß die Frau am Küchentisch. In der dunklen Ecke der Einbauküche auf einen Stuhl gekauert, als wolle sie sich verstecken, in dieser Idylle aus poliertem Nussbaum. Schlank, nicht sportlich schlank, eigentlich mager. Sie schaute nicht hoch, als Andi die Küche betrat, hielt sich ein Handtuch ans Gesicht.

Andi bellte die Frage heraus, sein Hals tat ihm weh beim Sprechen.

»Die Frau ist verletzt, was ist hier passiert?«

Immer noch spürte er einen Widerstand auf den Stimmbändern, über den er hinwegredete. Die Kehle wurde ihm eng, als hielte ihm jemand den Hals zu.

»Hat Ihr Mann Sie geschlagen?«

Der Mann antwortete an ihrer Stelle.

»Wir hatten eine Auseinandersetzung, das kommt doch in den besten Familien mal vor, sie ist gestolpert. Nie würde ich sie schlagen. Vielleicht mal eine Ohrfeige, wenn es hoch kommt. Schläge, das ist doch was für primitives Volk.«

Andi schaute ihn nicht an, knurrte über die Schulter: »Halt die Fresse!«

Milo trat neben Andi, vor den Küchentisch, er sprach in betont sachlichem Ton: »Polizei Berlin, Hauptkommissar Milowitsch. Hat Ihr Mann das gemacht? Wollen Sie ihn wegen Körperverletzung anzeigen? Wünschen Sie, dass er die Wohnung verlässt?«

Sie umarmte sich mit ihren langen dünnen Armen selbst. Das blutige Handtuch fiel zu Boden. Bevor er sie ansah, bemerkte er den auf Hochglanz polierten Boden. Eines ihrer Augen sah aus, wie mit einem tiefblauen Lappen zugedeckt. Die Schwellung war enorm und stand in merkwürdigem Kontrast zu den feinen aber scharf geschnittenen Konturen ihrer anderen Gesichtshälfte.

Wie unter Zwang schaute Andi auf das Gesicht, als hätte er die Möglichkeit, die Verletzungen mit seinem Blick zu heilen, andererseits sehnte er sich danach wegzugucken, stattdessen ihrem Mann das aufgesetzte Grinsen aus dem Gesicht zu prügeln.

Er hörte ein Flüstern, fast erschrak er, als er merkte, dass es aus seinem Mund kam: »Ohrfeige? Nur ´ne Ohrfeige?«

Auf den kleinen rundlichen Mann fiel ein großer Schatten, als Andi sich ihm zuwandte.

»Sie dürfen mich nicht anfassen, das weiß ich, ich kenne meine Rechte!« Der kleine Mann duckte sich, versuchte unter den Armen durchzutauchen, die ihm den Weg abschnitten.

Mit einem beinah lässigen Griff packte Andi den Mann mit beiden Händen am Hals. Milo stöhnte.

»Nein, Russe, nein!« Er riss an dem Arm, sprang dann von hinten auf Andis breiten Rücken, versuchte, dessen Hände von dem Hals des Mannes zu lösen, indem er einzelne Finger nach hinten bog.

»Russe, mach keinen Scheiß! Ich habe nichts dagegen, dass du ihm eine drückst, aber du übertreibst, das wissen wir beide.«

Er versuchte, Andi einen Daumen ins Auge zu stecken, der schüttelte den Kopf.

»Denk dran, wie wir das letzte Arschloch dann noch ins Krankenhaus fahren mussten. Diesen Ärger ist der Typ nicht wert, verstehste?«

Andi versuchte Milo, einfach von seinem Rücken abzuschütteln. Der kleine Mann nutzte die Sekunde des Zögerns aus, in der Andi sich mehr darauf konzentrierte, Milo loszuwerden, als ihn zu würgen, um schnell zu reden.

»Nein, Herr Kommissar, hören Sie auf ihren Kollegen, ich bin es nicht wert.«

Auf einmal eine Bewegung hinter ihnen. Andi spürte in seinem Rücken hektische Aktion. Geräusche. Die Frau. Kletterte sie auf den Stuhl, kramte sie in einem Schrank? Es raschelte. Er musste sich umdrehen. Zu spät. Ein Geräusch, metallisch, knackend, wie im Film. Ihre Stimme schnitt durch die gespannte Stille.

»Lass ihn los!«

Der Russe ließ ihren Mann los.

»Doch nicht du! Der dicke Bulle soll den Großen loslassen! Jetzt!«

Um nicht noch eine Unbekannte in der Gleichung zu haben, hielt Andi ihren Mann fest am Genick gepackt, als er sich zu der Frau umdrehte. Die Waffe zitterte nur minimal in der Verlängerung ihrer perfekt gestreckten dünnen Arme. Die Pistole sah in ihren kleinen Händen riesig aus. Blut lief von ihrer Lippe, glänzend rot, wie Nagellack.

Ihr Mann wirkte zum ersten Mal erschrocken. Er starrte sie an, fing aber gleich wieder an zu reden: »Leg die Waffe hin, Mäuschen, das bringt doch nichts. Manuela, sei doch nicht so bescheuert. Kannst du einmal in deinem Leben nachdenken? Die Polizei ist hier.«

Er hielt beide Hände vor sich, als würde er etwas wiegen.

»Polizei, Waffe. Fällt dir da was auf? Du willst doch keinen Ärger machen.«

»Du denkst, ich habe Angst vor Ärger? Ich weiß genau, was Ärger ist. Weil das Fleisch nicht ganz durch ist, oder die Wäsche nicht glatt gebügelt, weil ich immer was falsch mache. Ärger!« Sie lachte, ein keuchendes, hysterisches Geräusch.

Andi schaute Milo an. Das war nicht gut. Keiner von beiden hatte Lust, die dünne Frau zu erschießen.

Milo fragte den Mann: »Ist die Waffe geladen? Verstehste? Könnte sie schießen?«

Der kleine dicke Mann nickte.

Seine Frau lachte wieder dieses Nerven strapazierende Lachen: »Ja, das weißt du, alles funktioniert hier prima, auch die Waffe.« Sie richtete die Pistole auf Andi: »Hau ihm aufs Maul bis er zittert und weint vor Angst. Los schlag ihn. Sonst erschieße ich euch alle.«

Milo war stinksauer, versuchte sich zu beherrschen.

»Wir können Ihnen helfen, dafür sorgen, dass der erst mal für zwei Tage nicht in die Wohnung darf, ich nehme ihm die Schlüssel ab, dann können Sie in der Zeit eine richterliche Verfügung erwirken.«

Sie brüllte, Speicheltröpfchen flogen aus ihrem Mund.

»Ich will nicht erst was in zwei Tagen! Ich will jetzt, sofort was! Ich will das der Große ihm eine reinhaut.«

Das Funkgerät in Milos Jacke.

»West 303 von West. Unterstützung erforderlich?«

Milo tastete nach der Funke, ohne den Blick von der Waffe zu lösen, betätigte die Sprechtaste: »Lediglich Streitigkeiten, wir schlichten, kommen neu.«

Die Frau hob die Waffe und zielte, sie schimpfte weiter auf die Männer ein. Ihr Auge sah jetzt noch bedrohlicher aus.

»Was soll der Kram? Was faselst du da, ist das eine Art Geheimsprache? Ihr kommt nirgendwo neu.«

Milo schaute sie traurig an und sagte: »Du hast auf jeden Fall schon genug Ärger. Ich dachte, Angriff auf einen Polizeibeamten muss nicht noch dazukommen, verstehste. Leg einfach langsam die Knarre auf den Tisch, und dann quatschen wir in Ruhe, was wir machen können.«

Der Ehemann versuchte, sich aus Andis Griff zu winden. »Das ist doch genau, was wir sagen, hier gibt es nichts festzustellen, können wir alles friedlich lösen. Bei meiner Frau spielen vermutlich die Hormone ein wenig verrückt. Wer von uns wird schon je die Frauen verstehn ...« Aus dem Augenwinkel sah Andi, wie die Frau die Waffe auf ihren Mann richtete, da schmetterte er ihm schon die Faust auf die Nase. Trotz der Handschuhe tat er sich dabei an der Hand weh, als sie mit einem hässlichen Geräusch auf das Gesicht traf. Es knirschte. Blut schoss aus den Nasenlöchern, der Mann stolperte nach hinten rutschte an der Wand runter und saß benommen da. Andi strich vorsichtig über seine Rechte, zog den Handschuh aus und führte die Hand zu seinem kahlen Schädel. Er fühlte sich besser.

Die Frau ließ die Waffe sinken, als sei sie plötzlich zu müde, sie noch zu halten.

Mit zwei Schritten war Milo bei ihr. Er nahm ihr sanft die Pistole ab, entnahm das Magazin und legte es in eine Schublade. Die Waffe steckte er ein. Sie ließ sich von Milo auf den Stuhl setzen und sagte immer wieder: »Das war's, das war's.«

Milo legte ihr die Hand auf die Schulter und sagte: »Ja, das war's. Das läuft jetzt folgendermaßen. Der da kriegt eine Anzeige wegen Verstoß gegen das Waffengesetz, wir erteilen ihm eine Wegweisung, das bedeutet, er verlässt die Wohnung, lässt den Schlüssel hier, nicht zu vergessen: Wir schreiben noch eine Anzeige, ihr Mann hat heftigen Widerstand gegen Vollstreckungsbeamte geleistet! Das können Sie leider nicht bezeugen, weil Sie viel zu schwer verletzt sind. Ihr Sehvermögen hat durch den Schlag ins Gesicht gelitten. Sie selbst stellen Strafantrag wegen Körperverletzung, gleich hier unterschreiben.«

Der Mann saß immer noch auf dem Boden der Küche und blutete aus der Nase, Tränen und Rotz liefen ihm die Wangen herunter. Wie im Zeitraffer breiteten sich rotblaue Blutergüsse brillenförmig um seine Augen aus.

»Was für ein Scheiß«, heulte er, seine Frau schaute ihn teilnahmslos an und unterschrieb sehr sorgfältig alle Formulare, die Milo ihr reichte.

Später, im Wagen, brütete Andi dumpf über seinen Thai-Nudeln und hörte nur mit halbem Ohr die Schilderungen Milos, wie der mit seinem Quad Touren durch Brandenburg fahren würde. Dann unterbrach er seinen Partner.

»Kennst du dieses Lied von Brecht: ,Denn die einen sind im Dunkeln, und die andern sind im Licht. Und man sieht nur die im Lichte, die im Dunkeln sieht man nicht.'«

»Kenn ich nicht. So ne Kunst, die hat immer was Deprimierendes. Verstehste?«

Andi massierte seinen Schädel.

»Jedenfalls ich mag das. Denke nur, das ist bei uns umgekehrt. Wir sehen bloß die, die im Dunkeln sind. Manchmal fühle ich mich schon selbst so.«

»Wie fühlste dich, Russe?«

»Na, als wäre ich auch im Dunkeln.«

Milo ließ die Plastikgabel sinken und schaute ihn an.

»Genau die Gedanken, diese Sorte Gedanken, die geh'n vollkommen weg, wenn du Quad fährst, verstehste?«

»Yep.«

Game over, B'Ella!

anne schieckel

Die ersten Sonnenstrahlen des neuen Jahres bahnten sich ihren Weg durch die Friedhofsallee. Die Luft war eiskalt. Über Nacht hatte es noch einmal zweistellige Minusgrade gehabt. Und der Ostwind sorgte dafür, dass der Boden immer noch tiefgefroren und eisglatt war. Die Friedhofsverwaltung musste starkes Gerät einsetzen, um die Grabstelle Börner überhaupt ausheben zu können.

Bruno Börner beeilte sich, in die Backstein-Kapelle des Friedhofs in Zehlendorf zu kommen. Er wollte einen letzten Blick auf die Blumenarrangements werfen, bevor die ersten Trauergäste eintrafen.

Ella hatte Rosen geliebt. In ihrer mehr als zwanzig Jahre andauernden Ehe hatte er sie jede Woche mit einem üppigen Strauß überrascht, den er zusammen mit den Wocheneinkäufen nach Hause brachte und im Laufe der Jahre in immer ausgefalleneren Vasen im ganzen Haus verteilte.

Der Innenraum der Feierhalle glich einem Blumenmeer. Für Pfingstrosen war es noch viel zu früh im Jahr, sodass Bruno helle Rosen gewählt hatte, die den schlichten weißen Sarg üppig bedeckten und nahezu verschwinden ließen.

Innig betrachtete Bruno Börner das Foto seiner auffallend attraktiven Frau, welches er neben dem Sarg hatte aufstellen lassen, und legte eine blutrote

Rose darunter. Die Fotografin war erst kürzlich für neue Porträtaufnahmen bei ihnen gewesen und hatte ganze Arbeit geleistet. Bruno seufzte. Dann setzte er sich hin und wartete.

Ella Börner war kurz vor dem Jahreswechsel erdrosselt in ihrem Penthouse-Büro am Spreeufer aufgefunden worden. Erwürgt mit ihrem eigenen Hermès-Schal. Im Büro selbst fehlte nichts. Alles schien an seinem Platz zu sein. Doch die Botschaft auf dem Flipchart war eindeutig: »Game over, B'Ella!«

Ella Börner war nicht irgendwer gewesen. Als gefragte Personalberaterin und gefeierte Medienfrau, sorgte sie auch postum für Schlagzeilen in der Hauptstadt. Die Kollegen der Presse übertrafen sich gegenseitig mit Superlativen. Und die Enthüllungen angeblich pikanter Details aus dem Leben des Promi-Opfers dienten dazu, das öffentliche Interesse an dem Fall möglichst lange wach zu halten.

Bruno Börner war das alles zu viel gewesen. Er war bei Nacht und Nebel in ihr gemeinsames Wochenendhaus nach Brandenburg geflüchtet und erst wieder nach Berlin zurückgekehrt, als die Staatsanwaltschaft Ellas Leichnam zur Beisetzung freigegeben hatte. Der Rest an nötigen Formalitäten wurde unterdessen vom Bestattungsinstitut erledigt. Bruno selbst wäre dazu gar nicht in der Lage gewesen. Noch immer fühlte er sich wie gelähmt ob des Geschehenen, unfähig, sich an den Gedanken zu gewöhnen, dass er fortan allein und ohne Ella würde leben müssen.

Als der Trauerredner die Kapelle betrat und ihm zunickte, stand Bruno auf und ging ihm entgegen. Das Warten hatte ihn bereits sichtlich erschöpft, und er fühlte sich schon vor der Zeremonie am Ende seiner Kräfte. Erleichtert darüber, dass die Trauerfeier nun endlich in Gang kommen würde, trat er auf den Mann zu, der noch immer an der Tür stand und warf einen Blick nach draußen. Erschrocken nahm er die zahlreichen Trauergäste wahr, die sich vor der kleinen Kirche eingefunden hatten.

Ella hatte Berufliches und Privates stets voneinander getrennt, weshalb Bruno so gut wie niemanden von den Leuten kannte, die da draußen in der Morgenkälte warteten und sich angeregt zu unterhalten schienen. Er versuchte Ellas beste Freundin auszumachen, konnte sie aber nicht entdecken.

»Herr Börner, können wir?«

Bruno nickte und ging zurück in die Kirche. Da die Börners keine näheren Verwandten hatten, saß er alleine in der ersten Reihe. Die Trauergäste hielten Abstand und nahmen im hinteren Drittel der kleinen Kirche Platz.

Da Ella die Cellistin Sol Gabetta verehrt hatte, ließ Bruno ein Stück aus deren Album »Prayer« spielen, was ihm für den traurigen Anlass passend schien und die Gedenkfeier in seinen Augen stilvoll eröffnete. Im Kirchenraum herrschte angespannte Stille.

Als der Trauerredner ansetzte, um aus dem Leben der Verstorbenen zu berichten, dem kleinen Mädchen Ella, das aus einfachen Verhältnissen stammte und sich unter widrigsten Umständen hochgearbeitet hatte, scharrten einige Füße über den Boden und verursachten ein knirschendes Geräusch. Bruno Börner zuckte zusammen und drehte sich um. Aufgebracht blickte er in die Menge. Doch alles, was er sah, waren ernste, verkniffene Gesichter, die ihm unheimlich vorkamen und ihn verunsicherten. Der Trauerredner jedoch ließ sich davon nicht einschüchtern und fuhr unbeirrt fort, die menschlichen Qualitäten der Verstorbenen hervorzuheben, als sich ein spürbares Raunen im Kirchenraum breitmachte, das selbst ihn aus dem Konzept brachte. Er beschloss, seine Rede abzukürzen, um keinen Tumult hervorzurufen, und endete mit einem Trauerspruch von Bert Brecht, den er mit sonorer Stimme zum Besten gab:

»Der Mensch ist erst wirklich tot, wenn niemand mehr an ihn denkt.«

Zum letzten Geleit hatte Bruno für Ella den Jazz-Klassiker »Unforgettable« gewählt. Doch als der Song die kleine Kirche erfüllte, breitete sich neben Nat King Coles unvergleichlicher Stimme ein störendes Gewisper aus, das er kaum noch aushalten konnte.

Endlich ging die Tür auf und die vier Sargträger traten ein. Bruno sprang erleichtert auf, um den Männern mit dem Sarg seiner Frau ins Freie zu folgen. Ellas Bekannte und Kollegen schlossen sich zügig und wortlos an.

Die Luft war so kalt, dass der Atem der Menschen wie eine große Dampfwolke über dem Trauerzug stand. Wenigstens Antonia, Ellas langjährige Assistentin, trat auf ihn zu, um ihm die Hand zu drücken.

Bruno hatte Ellas letzte Ruhestätte mit Bedacht ausgesucht, eine Grabstelle, die hinter einer Rosenhecke lag. Er bereute es, dass er sich nicht dazu durchringen konnte, sie inkognito oder besser noch gleich anonym zu beerdigen.

Respektlos schnatternd standen die Leute in Dreierreihen hinter ihm und erwarteten, dass die Zeremonie schnell zu Ende ging. Ihm schien, als ob die Menschen einzig daran interessiert waren, dass der Sarg möglichst ohne weitere Umstände in das Grab hinabgelassen wurde.

Ella hätte das Procedere wahrscheinlich einfach trocken kommentiert. Sie war für ihre scharfe Zunge und ihren gnadenlos schwarzen Humor bekannt gewesen. Damit umzugehen, war jedoch nicht jedermanns Sache. Man achtete und verachtete sie gleichermaßen. In ihrem Leben hatte es viele Kritiker gegeben, die sie für ihr eigenes Unvermögen verantwortlich gemacht hatten, und nur wenige, die erkannten, dass sie ihr Fortkommen der Unterstützung von Börner Consulting verdankten.

Bruno musste sich das nicht selten anhören, denn auch eine Karrierefrau wie Ella, durch und durch professionell und in den Augen ihrer Klienten oft undurchschaubar, brauchte einen Blitzableiter. Und den hatte sie zu Hause sitzen gehabt. Geduldig und aufmerksam auf sie wartend.

»Herr Börner, wollen Sie?«

Der Bestatter riss ihn aus seinen Gedanken, indem er ihm eine Schaufel entgegenstreckte. Bruno starrte ihn verwirrt an, bis ihm klar wurde, dass er den

Reigen mit der Abschiedserde eröffnen sollte. Wie in Trance ergriff er die Schaufel, nahm etwas Erde auf, trat ans offene Grab und hielt einen Moment inne. Dann ließ er die Erde auf den Sarg rieseln, warf eine einzelne Rose hinterher und trat beiseite.

Niemand tat es ihm gleich. Stattdessen schienen die Menschen jeglichen Anstand verloren zu haben. Anstatt der Toten ihren letzten Respekt zu erweisen, liefen sie aufgeregt schwatzend um das offene Grab herum, begrüßten sich gegenseitig und tauschten sogar Visitenkarten aus. Manche von ihnen schielten in das offene Grab, als ob sie nachprüfen wollten, ob der Sarg tatsächlich unten angekommen war. Bruno hörte Sektkorken knallen und hielt sich angewidert die Ohren zu. Für ihn gab es keinen Zweifel mehr: Ellas Tod sollte gefeiert werden, als ob es kein Morgen gäbe. Er war sich sicher, dass die Meute am liebsten auf dem Grab seiner Frau tanzen würde.

Wie ein gehetztes Tier nahm er Reißaus. Blickte weder nach rechts noch links, rannte kopflos auf die Onkel-Tom-Straße und konnte gerade noch einem Blumenwagen ausweichen, der forsch um die Ecke gefahren kam und mit quietschenden Reifen ins Schlingern geriet, bevor er knapp vor dem Eingangstor des Friedhofs zum Stehen kam.

***

»Lasst uns zur Fischerhütte fahren. Meine Beine sind nur noch zwei Eiszapfen.«

Antonia Neuner trat von einem Bein aufs andere. Sie wollte nur noch weg von dem Grab und runter von dem Friedhof. Was sie jetzt brauchte, war Abstand. Und ein heißes Getränk. Sie hatte ihre Chefin auch nach deren Tod weiter vertreten, doch damit musste jetzt Schluss sein. Seit dem Mord an Ella Börner war kein Tag vergangen, an dem nicht jemand von der Polizei in der Agentur aufgekreuzt oder sie ins Revier beordert worden war.

Immer dabei, immer bereit und im Wissen der meisten pikanten Details aus dem Leben der Promi-Headhunterin, stand Antonia Neuner als langjährige Assistentin und Vertraute von Börner Consulting zunächst natürlich ganz oben auf der Liste der Verdächtigen. Doch Kriminalhauptkommissarin Schlemm brachte aus ihr nichts heraus, denn wenn Antonia eines gelernt hatte, dann war es zu schweigen. Ganz abgesehen davon, hatte sie zur Tatzeit bereits seit vielen Stunden einer Freundin im Kreißsaal beigestanden und somit ein wasserdichtes Alibi.

»Gute Idee. Wo war diese Hütte noch mal?«

»Am Schlachtensee.«

»Wie passend.«

Andy Meck, einer von Ellas schärfsten Konkurrenten, brauchte dringend einen Imbiss, bevor ihm der Kreislauf ganz zusammenklappte. Er war mit dem Morgenflieger aus den Staaten gekommen, um bei Ellas Beerdigung dabei zu sein, doch der Jetlag machte ihm inzwischen sichtlich zu schaffen.

Ella Börner und Andy Meck verband seit vielen Jahren eine Art Hassliebe, die entweder mit wilden Cocktail-Nächten oder aber durch Funkstille für alle sichtbar ausgelebt wurde.

Einige Damen aus Ellas engerem Netzwerk schlossen sich sofort an, denn auch ihnen war jetzt nach etwas Herzhaftem zumute. Da auf der Trauerkarte nichts von einem anschließenden Get together gestanden hatte, mussten sie sich selbst versorgen, um aus dem seltsam verstörenden Vormittag das Beste herauszuholen.

Die übrigen Begräbnisteilnehmer wollten oder konnten sich nicht entscheiden mitzukommen, sodass sich ein harter Kern von etwa zwanzig frierenden Menschen zusammenfand, die wenig später an der Fischerhütte am Schlachtensee aus ihren Autos stiegen. Für einen Besuch im angrenzenden Biergarten war es noch zu kalt, doch das Lokal hatte bereits geöffnet und die Speisekarte lockte mit österreichischen Spezialitäten.

Irgendjemand hatte sogleich eine Runde Sekt bestellt, und noch bevor die Tafelspitzsuppen serviert wurden, hob Andy Meck das Glas auf Ella und sorgte mit seinem Trinkspruch »auf a schöne Leich« für gute Stimmung.

Als die ersten Flaschen Wein geköpft und Schmankerl wie Wiener Schnitzel und Kaiserschmarrn aufgetragen wurden, hatte sich bereits ein so reger Austausch unter Ellas Bekannten ergeben, dass man ein Klassentreffen hätte vermuten können, wären die Feiernden nicht überwiegend in Schwarz gekleidet gewesen.

Wortfetzen wie »der Drachen hat es doch nicht anders verdient« und »aber musste man der Iron Lady gleich die Luft abdrehen?« waberten über die Schnitzelteller hinweg und ließen die anderen Gäste im Raum aufhorchen. Auch Kriminalhauptkommissarin Schlemm, die in Zivil gekommen war und still in einer Ecke des Lokals saß, rührte in ihrem Tee. Aufmerksam beobachtete sie die skurrile Szenerie. Ihr Notizbuch hatte sie vorsorglich halb unter eine Zeitung geschoben.

Antonia Neuner konnte die nicht enden wollenden Anekdoten über ihre Chefin, die vor allem Andy Meck zum Besten gab, kaum länger ertragen. Wie viel Wahrheitsgehalt in den pikanten Geschichten über die »Börner-bitch on wheels« lag, vermochte sie nicht auszumachen, denn sein Jetlag, gepaart mit reichlich Alkohol, hatte ihn völlig enthemmt.

Und leider war er damit nicht allein. Die Damen aus Ellas Business-Clique hatten inzwischen ordentlich Grünen Veltliner intus und schienen sich prächtig zu amüsieren. Hieß es nicht, bei einer »schönen Leich« solle man Lustiges und Bemerkenswertes über die Verstorbene zum Besten geben? Offensichtlich schien Ellas stattliche Zahl an prominenten Liebhabern, die gerade von einer Skala von eins bis zehn durchgehechelt wurden, mit in eine dieser Kategorien zu fallen.

Als Antonia Kriminalhauptkommissarin Schlemm wiedererkannte, die ihr wortlos zunickte, entschloss sie sich, die beißenden Kommentare und Enthüllungen am Tisch nicht länger peinlich zu finden. Immerhin würde die Alkoholblase mit ihren schonungslosen Charakterstudien über Ella den Verdacht von ihr selbst ablenken, worüber sie eigentlich nur froh sein konnte.

Antonia Neuner war erschöpft. Die letzten Wochen waren unendlich anstrengend gewesen. Zunächst hatte sie sich einfach so verhalten, als ob die Chefin verreist gewesen wäre. So konnte sie den Alltag bei Börner Consulting einigermaßen normal managen, nur dass sie fortwährend Termine absagte und keine neuen mehr vereinbarte. Dazu hatte ihr auch Andy Meck geraten, den sie als einen der Ersten über die Begleitumstände von Ellas Tod und das ihm nachfolgende Chaos unterrichtet hatte.

Andy Meck war eigentlich immer in Ordnung gewesen, auch ihr gegenüber. Dass er jetzt plötzlich derart vom Leder zog, entsprach eigentlich gar nicht dem Stil, den sie von ihm kannte. Auch Ellas Club-Damen, die sich immer für etwas Besseres gehalten hatten und vor Arroganz kaum grüßen konnten, tratschten wie die Waschweiber.

Als die Ersten den fröhlichen Leichenschmaus beendeten und aufbrechen wollten, bestellte Antonia Andy Meck kurzerhand ein Taxi. Sie dachte gar nicht daran, die Zeche zu übernehmen, bezahlte nur für sich selbst und machte sich dann grußlos auf den Weg. Die strahlende Vorfrühlingssonne lockte und Antonia beschloss, den Schlachtensee zu umrunden. Die klare Luft tat gut und die gleichmäßige Bewegung würde ihr helfen, ihre Gedanken zu sortieren.

Die Art, wie Ella demontiert worden war, hatte Antonia ziemlich empört. Vielleicht war sie selbst ja im Laufe der Jahre abgestumpft und gegen Ella Börners cholerische Ausbrüche und Spitzen immun geworden. Doch sie konnte sich auch an Momente erinnern, in denen ihre Chefin sich ihr und anderen gegenüber äußerst großzügig gezeigt hatte. Und wenn sie eines perfekt beherrscht hatte, dann war es der Umgang mit jungen Leuten, ihren Young Professionals, gewesen. Ella hatte nicht nur die Gabe besessen, deren versteckte Talente aufzuspüren, sondern auch ein Händchen darin bewiesen, sie an die richtige Stelle der jeweiligen Karriereleiter anzudocken. Außer Andy Meck hatte ihr das kaum jemand gedankt. Doch wie der sich heute benommen hatte, war einfach unsäglich gewesen. Antonia konnte das, trotz ihrer eigenen Schwierigkeiten, die sie mit Ella durchaus auch gehabt hatte, nicht nachvollziehen.

Kriminalhauptkommissarin Schlemm saß noch einige Minuten in dem urigen Lokal und machte sich Notizen. Sie versuchte, das Stimmungsbild, das ihr entgegengeschlagen war, einzufangen. Wieso hatten all diese Menschen Ella Börner jahrzehntelang vordergründig Solidarität und Sympathie entgegengebracht, um sich am Ende derart das Maul über diese Frau zu zerreißen?

Die Spurensicherung hatte leider keine brauchbaren Hinweise auf den Täter geliefert. Und die Fingerabdrücke in Ella Börners Büro waren mit denen am Empfangstresen und dem angrenzenden

Besprechungszimmer identisch. Sie stammten alle von ihrer Assistentin, Ella selbst und einigen Klienten, die nachweislich in den vergangenen Wochen Termine bei Börner Consulting hatten. Von wem allerdings die Botschaft auf dem Flipchart stammte, war bislang ungeklärt. Das grafologische Gutachten hatte keinerlei weitere Hinweise geliefert.

Schlemm hatte schon Einiges gesehen und gehört, aber dieses Puzzle an zwischenmenschlichen Intrigen warf entschieden zu viele Fragen auf und war für sie undurchschaubar.

***

Es hatte Monate gedauert, bis Börners die bezaubernde Jugendstilvilla in Dahlem entdeckt hatten. Während Bruno die alten Bäume und Parkflächen rund um das einladende Grundstück begeisterten, überzeugte Ella eher die sehr gute Anbindung des Vorortes an die Berliner City. Bruno, der beruflich in eine Zwangspause geraten und zeitlich flexibel war, überwachte die Renovierungsarbeiten an dem Haus und legte sogar eigenhändig das Stuckgesims frei.

Ella hatte sich in Dahlem während der Umbauphase kaum blicken lassen. Bruno, der mit ihrem übervollem Terminkalender lebte, machte es sich gerne zur Aufgabe seine Frau zu überraschen. Als er sie nach Beendigung der Renovierungsarbeiten zu einer ganz privaten Besichtigung mit Champagner und französischen Delikatessen lud, zeigte sie sich ihm gegenüber als liebende Ehefrau. Die Villa sah herrschaftlich aus und wurde, nachdem der Garten blühte, zur beliebten Vorzeigeimmobilie der Gegend. Bei der Einrichtung des Hauses wollte Ella dann aber doch mitreden, denn ihre Geschmäcker waren, was das betraf, sehr verschieden. Während er Antiquitäten liebte, bevorzugte sie modernes Design. Bruno gab sich kompromissbereit, in der Hoffnung, sie würden mit einer Kombination aus beidem leben. Jede freie Minute, die seine Frau mit ihm verbringen wollte, machte ihn glücklich. Selbst wenn es sich dabei nur um ausgiebiges Probeliegen in den verschiedenen Bettenhäusern handelte. Alleine ihre Nähe zu spüren. Das war alles, was er wollte. Doch davon bekam er entschieden zu wenig ab.

Nachdem er den Weg von Zehlendorf nach Dahlem zu Fuß zurückgelegt hatte, zog Bruno sofort die Vorhänge zu. Für heute hatte er genug von der Welt da draußen mitbekommen. Er war schweißnass, und nun begann er zu frösteln. Die Villa war seit Wochen nicht mehr durchgeheizt worden. Umständlich machte er den Kamin an und ging in die Küche, um heißes Wasser aufzusetzen. Eine Tasse von Ellas Lieblingstee würde ihm jetzt Trost spenden.

Während die russische Teemischung zog, sah er wahllos den Poststapel durch, den er seit Wochen ungeöffnet auf dem Kaminsims angehäuft hatte. Er hasste es, all die geheuchelte Kondolenzpost durchzugehen. Doch mit irgendetwas musste er sich jetzt ablenken, um den Tag einigermaßen zu überstehen.

Wahllos zog er einen von Hand beschriebenen Umschlag heraus. Der Brief war an ihn adressiert und trug keinen Absender.

Die Schrift kam ihm jedoch irgendwie bekannt vor. Er goss sich eine Tasse Tee ein, suchte nach Ellas Brieföffner und nahm in dem Lesesessel am Feuer Platz. Die Karte war von Diana, Ellas bester Freundin. Untröstlich über das Geschehene, ließ sie ihn wissen, dass sie sich außerstande sehe, an der Trauerfeier teilzunehmen.

Bruno las erst gar nicht weiter. Er überlegte, ob er die Karte gleich verbrennen sollte, besann sich dann aber eines Besseren und warf sie achtlos zurück auf den Stapel. Diana, diese Kröte. Wie oft hatte Ella ihr schon aus der Klemme geholfen. Entweder waren es Dianas unglückliche Frauengeschichten oder ihre prekäre Finanzsituation und die damit verbundene Jobflaute als Regisseurin gewesen. Wie viele Wochenenden hatten die beiden gemeinsam verbracht, während er allein zu Hause saß und auf Ellas Rückkehr wartete. Oder Diana rief bis zu drei Mal hintereinander abends an. Meistens war er dann gerade in der Küche, um seine Frau mit einem neuen Rezept zu überraschen. Der Wein stand bereits dekantiert bereit, und die Kerzen waren angezündet. Und während Ella summend den Tisch deckte, klingelte dann das Telefon. Unzählige Male war es Diana auf diese Weise gelungen, ihren gemütlichen Abend zu sprengen. Während ihrer ganzen Ehe gab es immer irgendeinen schwerwiegenden Grund, warum Diana Ella umgehend brauchte. Nicht selten hatten sie ihm das Gefühl vermittelt, eine *Menage à trois* zu führen.

Bruno griff nach der Cognacflasche und goss sich ein großes Glas ein. Dann nahm er sich den ganzen Poststapel vor und öffnete einen Brief nach dem anderen. Selbst die alten Kollegen aus dem Museum hatten ihm geschrieben. Vergeblich suchte er auf der Karte nach der Unterschrift seines ehemaligen Chefs. Was für eine feige Ratte, dachte er verbittert und schenkte sich nach.

Wie es mit ihm selbst jetzt weitergehen sollte, war ihm völlig schleierhaft. Er hatte vor einiger Zeit seinen langjährigen Job als Restaurator verloren und sich seitdem nicht wieder um eine Anstellung bemüht. Allein würde er die Villa wahrscheinlich nicht halten können. Sie war zwar abbezahlt, aber selbst die monatlichen Unkosten schienen ihm zu hoch, um dort weiter leben zu können. Ella hatte zwar großartig verdient, aber auch gerne viel ausgegeben. Er selbst hatte sich zumindest offiziell nie um die Finanzen gekümmert, inoffiziell aber dann doch ihre private Buchhaltung geführt, da er von Natur aus bescheiden war und ständig Angst hatte, sie könnten über ihre Verhältnisse leben.

Als es an der Haustür klingelte, war er nicht ganz unglücklich darüber, aus seinen düsteren Gedanken gerissen zu werden. Er zögerte nicht lange und öffnete. Vor der Tür stand die Polizistin, die ihn schon mehrfach aufgesucht hatte, und blickte ihn prüfend an. Wie konnte sie ihn nur an einem Tag wie diesem belästigen?

»Herr Börner, ich muss Sie noch einmal sprechen.« Ohne eine Antwort abzuwarten, setzte Kriminalhauptkommissarin Schlemm einen Fuß über die Schwelle, drauf und dran, das Haus zu betreten. Die Frau war einfach gnadenlos. Bruno blickte sie feindselig an und verstellte ihr den Weg.

»Es passt mir gerade gar nicht«, zischte er mühsam, bevor ihm klar wurde, dass er eine ziemliche Fahne haben musste, die der Nase des Gesetzes wahrscheinlich nicht entgangen war.

»Bitte, Herr Börner, nur kurz.«

Bruno überlegte, ob es klug wäre, sie abzuschütteln und entschied sich dann doch, besonnen vorzugehen und zu kooperieren. Alles andere machte wenig Sinn, und er würde sie sonst ohnehin nicht loswerden. Mit einer einladenden Geste öffnete er die Haustür und ging vorneweg ins Wohnzimmer.

»Entschuldigen Sie, dass ich Sie in Ihrer Trauer stören muss, aber Sie waren so plötzlich weg und ich …« Bruno schnitt ihr das Wort ab.

»Sie haben doch gesehen, was auf dem Friedhof los war.«

»Genau deshalb bin ich hier. Herr Börner, können Sie sich dieses Verhalten erklären?«

»Nein. Und ich will es auch nicht. Meine Frau ist tot. Verstehen Sie? Tot!«

Bruno ließ sich schwer in den Sessel fallen und stierte auf die halb leere Cognacflasche. Dann murmelte er:»Alles Heuchler und Schmarotzer.«

»In welchem Verhältnis stand denn dieser Meck zu ihrer Frau?«

»Andy Meck? War er etwa auch da? Ohne Ella würde der heute noch seinen Trabi fahren.«

»Das beantwortet nicht wirklich meine Frage, Herr Börner!«

Bruno starrte sie an.

»Mal waren Sie Freunde, mal Feinde.«

»Wie meinen Sie das?«

»So, wie ich es gesagt habe.«

»Hat Sie das seltsame Verhältnis nicht gestört?«

»Wen hätte das schon interessiert?«

Natürlich hatte ihn diese On-and-Off-Beziehung zwischen den beiden gestört. Doch was hätte er schon tun können? In jedem Fall wäre es immer falsch gewesen, egal, was er dazu gesagt hätte.

Bruno vermied es, die Polizistin anzusehen. Der Zeitpunkt ihres Besuches war ungünstig. Er hatte noch nichts gegessen, und der Cognac hatte ihn bereits stark benebelt. Er riss sich zusammen und versuchte, einen möglichst neutralen Blick aufzusetzen.

»Herr Börner, wer ist eigentlich diese Frau da auf dem Foto?«

Kriminalhauptkommissarin Schlemm war an Ellas Sekretär getreten, den er extra neben der Terrassentür und mit Blick auf die Rosensträucher im Garten aufgestellt hatte.

»Diana«, sagte er knapp und wendete sich ab. Ihm brach der Schweiß aus.

»Diana? Und wo war sie denn heute, diese Diana?«

»Verhindert. Wohl unpässlich.«

Bruno rutschte unruhig in seinem Sessel hin und her. Er hatte keine Lust, auch nur ein weiteres Wort über dieses Miststück zu verlieren. Mit einer wegwerfenden Geste deutete er auf die Klappkarte auf dem Poststapel. Die Kommissarin trat an den Kaminsims. Neugierig studierte sie die Handschrift auf der Karte. Wieso hatte sie von dieser Frau noch keine Notiz genommen?

»Wie heißt diese Diana mit Nachnamen?«

Bruno schwieg und ärgerte sich darüber, dass er das Foto nicht schon längst weggeräumt hatte. Er hatte die zahlreichen Kondolenzbriefe zunächst auf Ellas kleinem Sekretär abgelegt, die das Bild schnell verdeckten. Und die Polizei hatte bei ihrem ersten Besuch seine Privatpost unberührt gelassen.

»Herr Börner?«

»Ewig.«

»Wie bitte?«

»Sie haben schon richtig verstanden. Ewig. Diana Ewig.«

Allein der Gedanke an Diana trieb seinen Blutdruck hoch. Wie hatte sie es nur geschafft, Ella so eng an sich zu binden? Er würde es wohl nie herausfinden. Diana war ihm immer aus dem Weg gegangen und Ella konnte er nicht mehr fragen. Irgendwann hatte er Bescheid gewusst. Wie hatte er nur so blind sein können? Zunächst fand er keine Hinweise, dass da mehr zwischen den Frauen war als nur Freundschaft. Doch dann kam der Tag, an dem er in ihrem Mail-Account einen Entwurf mit dem Betreff »Börn-Out« entdeckte, dessen pikanter Inhalt ihm den

Boden unter den Füßen wegzog. Er sollte abgeschafft werden.

»Herr Börner, wo finde ich diese Diana?«

»Die ist untergetaucht.«

Bruno biss sich auf die Zunge und genehmigte sich einen weiteren Cognac. Den brauchte er jetzt. Die Kommissarin würde nicht locker lassen. Sie kam ihm vor wie eine Zecke.

»Untergetaucht? Wie meinen Sie das, Herr Börner?«

»Na abgetaucht. Verschwunden. Finden Sie sie!«

»Wie war denn Ihr Verhältnis zu dieser Diana?«

»Sie wollte etwas von meiner Frau, das mir gehört.«

Die Kommissarin stutzte.

»Und hat sie es bekommen?«

Bruno starrte ins Feuer.

Sie hatten sich nicht ganz bekommen. Das Spiel war aus, Game over. Aber er selbst war auch leer ausgegangen.

Die Kalligrafie
albertine lukilian

Khaled spürte einen heftigen Stoß im Rücken und flog in hohem Bogen durch die Luft. Fliegen war ein durchaus angenehmes Gefühl, doch der Aufprall war furchtbar. Sein ganzer Körper fühlte sich wie ein einziger Schmerz an. Er hörte Glocken läuten, und alles um ihn herum begann, in Schwärze zu versinken.

Mit schweren Schritten kam Celina Brauer ins Büro gestapft, blieb an der Tür stehen und sah ihren Kollegen vorwurfsvoll an. »Wo waren Sie denn? Ich habe Sie überall gesucht.«

»Man wird doch wohl noch ins Bad gehen dürfen«, knurrte Bernd Riedel. Zum tausendsten Mal fragte er sich, was der Chef sich nur dabei gedacht hatte, ihm diesen übereifrigen jungen Hüpfer als Partnerin zuzuteilen.

»Kommen Sie, wir müssen los.« In ihrer Stimme schwang unüberhörbar Begeisterung mit. »Messerstecherei auf dem U-Bahnhof Hermannplatz.«

Riedel stöhnte und erhob sich schwerfällig von seinem Bürostuhl. Sein Feierabend rückte gerade in weite Ferne.

»Wird bestimmt ein ganz einfacher Fall. Der Täter hat seine Tasche am Tatort liegen gelassen«, plapperte Celina weiter.

Riedel zog sich schweigend seine Jacke an. Die Erfahrung sagte ihm, dass solche Fälle oft die kompliziertesten waren.

Das Bild! Wo war das Bild? Mühsam wehrte Khaled sich gegen die Ohnmacht, blinzelte.

Er war in der U-Bahn, und das Paket mit dem Bild lag direkt neben der Tür. Und die Glocken waren der Warnton der sich schließenden Türen gewesen, wie ihm jetzt klar wurde.

Vorsichtig sah Khaled sich um, doch die anderen Fahrgäste zeigten keinerlei Interesse an ihm. Warum auch. Merkwürdige Gestalten waren in dieser Stadt an der Tagesordnung, erst recht hier in Neukölln.

Er versuchte aufzustehen, jeder Knochen schmerzte, also krabbelte er auf allen Vieren und zog das Paket an seine Brust. Erschöpft lehnte er sich an die Seitenwand der Sitze und versuchte nachzudenken.

Celina hielt ihre Marke in die Höhe und bahnte sich resolut einen Weg durch die Masse der Neugierigen auf dem Hermannplatz und hinunter zum U-Bahnhof. Riedel folgte ihr auf den Fersen und konnte nicht umhin, sie für ihr Selbstbewusstsein zu bewundern.

Als sie jedoch unter dem Absperrband hindurchgeschlüpft waren, schob er sich an ihr vorbei. Die Fragen würde immer noch er stellen.

»Was haben wir hier?«, wandte er sich an Sven Müller, einen Kollegen, den er schon seit Jahren kannte und schätzte.

»Andrej Kurnakow. Schnitt durch die Halsschlagader. Der Notarzt meint, er war sofort tot.«

Riedel zog die Augenbrauen zusammen. »Kurnakow?«

»Ist das nicht dieser Kunsthändler?«, mischte Celina sich ein.

Müller nickte. »Höchstwahrscheinlich auch Kunstschmuggler. Wurde ein paar Mal verhaftet, aber es mangelte immer an Beweisen. Na ja, jetzt hat es ihn so erwischt.«

»Gibt es Zeugen?«, fragte Riedel.

»Jede Menge. Aber keiner will was gesehen haben. Das Übliche.« Müller zuckte die Schultern.

»Was ist mit der Tasche? Der Täter hat doch seine Tasche liegen lassen«, sagte Celina.

»Langsam!«, bremste Riedel, »noch wissen wir gar nichts über den Täter.« Müllers Blick wanderte amüsiert zwischen dem ungleichen Team hin und her. »Ein Rucksack. Ist schon auf dem Weg in die Asservatenkammer. Die Spurensicherung hat ihn mitgenommen.«

Die U-Bahn bremste, die Türen glitten auf und Menschenmassen drängten sich an Khaled vorbei. Er hielt die Beine eng am Körper, senkte den Kopf und versuchte, die ärgerlichen Kommentare zu ignorieren.

Als die Türen sich wieder schlossen, zog er sich mühsam an der Haltestange hoch und schleppte sich auf einen freien Sitzplatz. Das Bild eng an sich gepresst, starrte er aus dem Fenster und versuchte zu verstehen, was gerade passiert war.

Er war am Hermannplatz aus der U-Bahn gestiegen und wieder mal in die falsche Richtung gelaufen. Heute hatte er es aber immerhin noch auf dem Bahnsteig bemerkt, hatte sich auf dem Absatz umgedreht und war gegen einen drahtigen Typen geprallt. Bevor er sich auch nur entschuldigen konnte, versuchte der schon, ihm das Bild zu entreißen. Gleichzeitig waren da auf einmal lauter Männer um sie herum, es gab ein Handgemenge, ein Messer, ein merkwürdiges Würgen, Blut spritzte auf und dann kam der Stoß, der ihn in die U-Bahn katapultierte.

Jemand schrie: »*Is ́af as-Sura*!«

Jetzt da er sich daran erinnerte, hätte Khaled schwören können, dass es Onkel Latifs Stimme gewesen war.

Rette das Bild.

Warum? Vor wem?

Celina warf Riedel eine dünne Akte auf den Schreibtisch. Gerade noch rechtzeitig brachte er seinen Teebecher in Sicherheit. Und da er ihn nun schon einmal in der Hand hatte, trank er gleich einen Schluck.

Er verzog das Gesicht, es ging doch nichts über einen anständigen Kaffee. Zu dumm nur, dass sein Arzt ihm nur noch eine einzige Tasse am Tag zugestand, und die hatte er sich schon zum Frühstück gegönnt.

»Der Rucksack gehört einem Kalid Allkatt«, knurrte Celina und stemmte die Hände in ihre stämmigen Hüften.

Riedel schlug die Akte auf und las. Khalid Al-Khat.

»Ach so, Chaa-lid Al-Chat«, wiederholte er und blickte auf. »Ch wie in kochen, dann ein langes A, und im Nachnamen auch ein Ch.«

Celina zuckte die Schultern. »Wenn Sie meinen.«

»Wie wollen Sie Informationen über jemanden kriegen, wenn Sie den Namen nicht mal richtig aussprechen?«

Riedel sah, wie ihr die Röte ins Gesicht schoss.

»Ich sag's ja nur«, lenkte er ein. »Ich habe Jahre gebraucht, um mir die Aussprache all dieser komischen Namen merken zu können.«

Und das war einer der Gründe, weshalb Rohrbach sie mit ihm zusammenarbeiten ließ.

»Erzählen Sie mal, was haben wir über diesen Khaled Al-Khat?«

Celina rollte die Augen. »Studiert Deutsche Literatur an der Humboldt-Universität. Der Studentenausweis lag in seinem Rucksack. Zusammen mit einem Buch aus der Bibliothek. Moment, hier habe ich den Titel, `Schrifttafeln zum althochdeutschen Lesebuch´.« Sie tippte sich an die Stirn. »Eine noch dämlichere Tarnung kann man sich ja wohl nicht ausdenken.«

Riedel wiegte den Kopf hin und her. »Keine voreiligen Schlüsse.«

»Ja, ja schon gut, ich schaue morgen früh gleich mal in dem Institut vorbei. Aber ich wette, die haben noch nie von dem gehört.«

Riedel hätte einfach zum Telefonhörer gegriffen, Celina aber bevorzugte es, die Leute persönlich zu befragen. Definitiv mit dem größeren Erfolg, wie er in den vergangenen Wochen wiederholt hatte feststellen müssen.

Ein weiterer Punkt, der für Rohrbachs Partnerwahl sprach.

Celina lief um ihren Schreibtisch herum und setzte sich. »Al-Khat wurde im Libanon geboren, kam aber schon als Kleinkind nach Berlin. Mutter Hausfrau, Vater Kinderarzt. Hatte seine Praxis untypischerweise in Dahlem.«

»Hatte?«

»Ja, er starb letztes Jahr. Seitdem steht die Praxis leer, Mutter und Sohn leben aber weiterhin im Haus.«

»Interessant. Irgendwelche Verwandtschaften zu einschlägig bekannten libanesischen Familien in der Stadt?«

»Ich arbeite noch daran, morgen kann ich Ihnen mehr sagen. Im Moment sieht es aber so aus, als hätte diese ganze Familie Al-Khat eine absolut weiße Weste. In unseren Akten lässt sich rein gar nichts über die finden, nicht mal ein Strafzettel wegen Falschparkens.«

»Hm«, erwiderte Riedel und blätterte weiter durch die Akte.

Celina kaute nachdenklich auf ihrem Daumennagel. »Ich frage mich die ganze Zeit, was für eine Verbindung es zwischen diesem Al-Khat und dem toten Typen gibt.«

Ein Knurren drang aus Riedels Kehle. Seiner Meinung nach hatte jeder Mensch, insbesondere ein Opfer, ein Recht darauf, bei seinem Namen genannt zu werden.

»Sorry, Andrej Kurnakow, meine ich natürlich.«

»Haben wir schon die Aufnahmen der Überwachungskamera vom U-Bahnhof?«

»Ich frage mal nach.« Celina ging zur Tür. »Soll ich Ihnen auch einen Kaffee mitbringen?«

Riedel zögerte einen winzigen Moment. »Nein, danke.«

Hin und wieder setzte sich jemand für ein paar Stationen neben Khaled oder nahm ihm gegenüber Platz, aber er vermied jeden Blickkontakt und starrte aus dem Fenster.

Das Bild klemmte sicher zwischen ihm und der Seitenwand.

Auf einmal begann sein Handy zu klingeln. Er schaute aufs Display und nahm sofort an.

»Hast du das Bild?« Onkel Latifs Stimme klang heiser.

»Ja.«

»*Alhamdulillah*.« Gott sei Dank. »Wo bist du?«

»In der U-Bahn.«

»*Tamam*. Das ist gut. Fahr einfach weiter. Und geh nicht nach Hause, hörst du? Möglicherweise ist dir jemand gefolgt. Ich melde mich wieder.« Schon hatte er aufgelegt.

Khaled hatte noch so viele Fragen.

Dann klingelte es wieder.

»Ich brauche das Bild, heute noch. Du musst es mir bringen«, sagte sein Onkel mit gehetzter Stimme. »Aber nicht vor Mitternacht, hörst du? Nicht vor Mitterna…« Ein leises Klicken, er hatte aufgelegt.

Nachdenklich sah Khaled sein Handy an. Was hatte das alles zu bedeuten?

Er sah auf die Uhr. Bis Mitternacht waren es noch viele Stunden.

Celina kam mit den Aufnahmen und einem dampfenden Kaffeebecher ins Büro zurück, setzte sich vor den Bildschirm und begann sofort, das Bildmaterial zu sichten. »Ich fange um 19 Uhr 10 an. Das ist etwa eine Viertelstunde vor dem Mord.«

Riedel stand auf, um ihr über die Schulter zu schauen.

»Hm.« Gierig sog er den Duft des Kaffees ein.

Sie schob ihm ihren Becher zu. »Nehmen Sie. Ich hab noch nicht davon getrunken.«

Bild für Bild klickte sie weiter. Wie nicht anders zu erwarten, war der Bahnsteig voller Menschen.

Riedel nahm einen Schluck Kaffee und hätte vor Wohligkeit fast aufgestöhnt.

»Da. Das muss Al-Khat sein«, sagte sie und deutete auf eine lange, hagere Gestalt, die aus der U-Bahn ausstieg. »Er hat den Rucksack auf der Schulter und trägt etwas unter dem Arm.«

»Sieht aus wie ein Bild«, sagte Riedel.

»Möglich. Und da ist Kurnakow.« Mit ihrem abgekauten Zeigefinger deutete Celina auf den Bildschirm. »Sieht aus, als würde er Al-Khat folgen.«

Riedel beugte sich vor, kniff die Augen zusammen. »Können Sie den da näher ranholen?« Er deutete auf eine Gestalt, die halb hinter einer Werbewand hervorschaute.

»Ich versuch´s.«

»Ali Baba«, murmelte Riedel.

Celina sah fragend zu ihm auf.

»Kennen Sie die Lagerhallen am Westhafen?«

»Oh, meinen Sie Ali Baba, Im- und Export?« Ein Leuchten ging über Celinas Gesicht. »Und er ist der Kopf?«

Riedel nickte. »Sein richtiger Name ist Latif Hubbi. Ich habe ihn seit Jahren nicht mehr gesehen, aber das ist er.«

Celina ließ die Aufnahme weiterlaufen.

»Hey, was macht der denn jetzt?« Verblüfft sahen sie zu, wie Al-Khat plötzlich auf dem Absatz kehrtmachte und mit Kurnakow zusammenprallte. Quasi im gleichen Moment wurden sie von weiteren Männern umringt.

Riedel zog sich einen Stuhl heran und setzte sich. »Lassen Sie uns sehen, wie es weitergeht.«

»Rudow. Endstation. Bitte alle Fahrgäste aussteigen.«

Die Stimme aus dem Lautsprecher riss Khaled aus seinen Gedanken.

Nur noch wenige Fahrgäste saßen mit ihm im Wagen.

Khaled klemmte sich das Bild unter den Arm und beugte sich vor, um seinen Rucksack aufzuheben. Ein Griff ins Leere. Hastig tastete er um sich. Nichts. Dann erinnerte er sich. In dem Gerangel auf dem U-Bahnhof musste er ihm von der Schulter gerutscht sein. Die Bücher! Die Bibliothekarin im Institut würde ihm die Hölle heiß machen, wenn er gestand, dass er sie verloren hatte.

Die Türen öffneten sich und die Leute hasteten an ihm vorbei und auf die Rolltreppe zu. Er blieb allein an der Infotafel stehen und begann das Liniennetz zu studieren.

Er konnte von hier den Bus bis zum Flughafen Schönefeld nehmen. Dort würde er in die S7 steigen und durch Treptow und Prenzlauer Berg bis nach Pankow hochfahren. Und dann vielleicht sogar noch weiter in den Norden. Bernau. Das klang nicht schlecht. Oder bis Spandau. Selbst Potsdam war eine Option. Alles war gut, solange es weit vom Hermannplatz und Neukölln entfernt lag.

»Wenn das mal nicht Ali Babas Bodyguards sind«, murmelte Riedel. »Gehen Sie bitte noch mal zwei Bilder zurück, Frau Brauer.«

Celina spulte ein Stück zurück.

»Da, Kurnakow versucht, Al-Khat das Paket abzunehmen und – ach, verdammt.« Das Bild wurde grau-schwarz, als jemand etwas vor die Kamera hielt.

Dann kam das Bild zurück und sie sahen Kurnakow am Boden liegen. Allein und blutüberströmt.

»Die waren darauf vorbereitet«, knurrte Riedel.

»So ein Mist.« Celina holte die Bilder einer zweiten Überwachungskamera auf den Bildschirm. »Da läuft Ali Baba, und auch die anderen Typen. Ganz schön raffiniert, die mischen sich einfach unter die Menschenmasse und tun so, als seien sie gerade aus der U-Bahn ausgestiegen. Aber wo ist Al-Khat?«

Sie sahen sich die Aufnahmen noch zwei Mal an, Khaled Al-Khat blieb jedoch verschwunden.

Khaled schaute blicklos in die Nacht hinaus.

Wer war der Mann, mit dem er zusammengestoßen war? Und warum wollte der ihm das Bild entreißen? Bestimmt verdächtigte die Polizei ihn, diesen Mann erstochen zu haben. Er war sich ziemlich sicher, dass das hässliche Röcheln, das er gehört hatte, sein letzter Atemzug gewesen war.

Khaled spürte, wie ihm der kalte Schweiß ausbrach, und fuhr sich mit dem Ärmel über die Stirn.

»Wie sieht's aus, Frau Brauer? Sind Sie noch fit genug für einen kleinen Besuch bei Ali Baba?«, fragte Riedel und erhob sich.

Celina grinste. »Klar. Ein nächtlicher Besuch im Westhafen fehlt mir noch auf meiner Erfahrungsliste.«

»Nein, nein, wir besuchen ihn zu Hause.«

Celina sprang auf. »In Ordnung. Ich lass die Adresse raussuchen.«

Riedel hob die Hand. »Nicht nötig. Ich weiß, wo er wohnt.«

Um elf fuhr Khaled von Potsdam wieder zurück, nördlich bis Westkreuz, von dort mit der S5 bis Spandau. Dort stieg er schließlich in die U7, die ihn zurück zum Hermannplatz brachte.

Je mehr er sich der Station näherte, desto mulmiger wurde ihm. Er presste das Bild fest an sich.

An jedem Bahnhof beäugte er die Zusteigenden. Hauptsächlich Arabisch und Türkisch sprechende Männer, die ihren Handys aber mehr Aufmerksamkeit widmeten als ihrer Umgebung. Ein paar

Betrunkene. Vier junge, deutsche Frauen, vermutlich Studentinnen.

Am Hermannplatz stiegen sie aus, und er folgte ihnen mit einigem Abstand. Bloß keine Aufmerksamkeit erregen.

Er lief hinter ihnen die Treppen hinauf, überquerte den Platz und atmete auf, dass die Fußgängerampel sofort auf Grün sprang.

Schnellen Schrittes lief er an den Frauen vorbei und bog dann in die zweite Seitenstraße ab. Vor ihm lag die menschenleere Straße.

Nur zu gern hätte er sich umgesehen, ob ihm jemand folgte, aber er zwang sich, einfach nur geradeaus zu gehen. Je eher er das Bild bei Onkel Latif abgab, desto eher konnte er endlich nach Hause fahren und anfangen, wirklich nachzudenken.

Vor dem Haus seines Onkels parkte ein Auto halb auf dem Gehweg. Parkplatznot macht erfinderisch, dachte Khaled. Er klingelte zweimal kurz und einmal lang und wartete auf den Türsummer.

In der Gegensprechanlage rauschte es, dann ein Schrei.

»*Ash-shurta huna*! Lauf weg! Schnell!«

Die Polizei. Sie suchten ihn schon.

Khaled rannte los, der Rahmen des Bildes schlug ihm bei jedem Schritt gegen seine vom Sturz geschundenen Rippen, aber er achtete nicht darauf.

Vor ihm trat eine Frau aus einem Hauseingang und setzte einen Welpen auf dem Gehweg ab.

Ohne zu überlegen, warf Khaled sich gegen die ins Schloss fallende Tür. Aus der Verpackung des

Bildes drang ein Klirren. Egal. Er hastete durch den Hausflur und riss die Tür zum Innenhof auf.

Er blieb stehen, beugte sich vor und versuchte, zu Atem zu kommen. Hinter ihm schloss sich die Tür mit einem schmatzenden Geräusch. Ein Knauf. Kein Weg zurück.

Keuchend sah er sich um. Ein Glück, die Höfe gingen ineinander über. Er rannte auf die Hoftür des gegenüberliegenden Hauses zu. Sie war nur angelehnt. Er tastete sich durch den dunklen Hausflur, schrammte am Griff eines Kinderwagens entlang und riss dabei die Verpackung des Bildes auf. Ein paar Scherben fielen klirrend zu Boden. Er kümmerte sich nicht darum und drückte auf die Klinke der Haustür.

Abgeschlossen.

Er rannte zurück auf den Hof. In einer Ecke stand mit Planen abgedeckter Krempel vor dem Hinterausgang zu einem Laden, und daneben führte eine Toreinfahrt auf die Straße. Gerettet. Er lief hindurch, blieb stehen und blickte die Straße erst nach links, dann...

Zwei Gestalten kamen um die Ecke gerannt. Eine Frau und ein Mann. Sie deutete die Straße hinunter.

Hatten sie ihn gesehen?

Er konnte hören, wie sie näher kamen. Keuchend.

Er wich in den Hof zurück und überlegte, ob es klug war, sich unter einer der Planen zu verstecken, als er eine Bewegung an der hinteren Ladentür bemerkte.

Er legte den Finger an die Lippen und warf einen beschwörenden Blick durch die Glasscheibe.

Ein Schlüssel drehte sich knackend im Schloss, die Tür wurde einen Spalt weit geöffnet und eine uralte Frau zog ihn ins Innere.

»Da war jemand«, rief Celina und rannte die Straße hinunter.

Bestimmt nur eine Katze, dachte Riedel, blieb ihr aber auf den Fersen.

Vor dem Schaufenster eines Ladens mit Waren aus Haushaltsauflösungen blieb sie endlich stehen und leuchtete mit ihrer Taschenlampe in die Toreinfahrt. »Mist, da geht´s noch weiter.« Ungeduldig winkte sie ihn herbei. »Wenn er das war, dann können wir jetzt sämtliche Häuser abgrasen, die hier angrenzen.«

Riedel ging an ihr vorbei und leuchtete halbherzig unter die Planen, die diverse alte Möbelstücke abdeckten. Er fragte sich, wer den Kram noch kaufen wollte, das Holz war von der Feuchtigkeit bestimmt völlig verzogen.

Sein Handy klingelte, und er nahm ab.

»Ali Baba?«, fragte Celina, als er kurz darauf auflegte.

Riedel nickte. »Er ist ebenfalls verschwunden. Schluss für heute.«

Unzufrieden kniff Celina die Lippen zusammen.

Ein energischer Schubs beförderte Khaled in einen durchgesessenen Sessel.

Verunsichert schaute er zu seiner Retterin auf, wenn sie denn eine solche war. Im dämmerigen Schein der Straßenlaterne konnte er tiefe Falten und eine Hakennase erkennen. Die fast weißen Haare hatte sie zu einem wirren Gebilde oben auf dem Kopf zusammengesteckt.

Von draußen huschte der Strahl einer Taschenlampe über das Regal vor dem Schaufenster. Nippesfiguren, ein ausgestopfter Dachs, Sammeltassen, Vasen.

»Pst. Beweg dich nicht«, zischte die Alte, schlug die Augen nieder und blieb stocksteif an ein Regal gelehnt stehen.

Khaled drückte sich tief ins Polster des Sessels. Aus dem Augenwinkel konnte er erkennen, dass es die beiden Gestalten waren, die er auf dem Gehweg gesehen hatte.

Er hörte sie vor der Tür miteinander sprechen, konnte aber kein Wort verstehen. Nach einer Weile machten sie kehrt und verschwanden.

»Polizei?«, fragte die Alte.

Khaled nickte und schnappte keuchend nach Luft, so als wäre er zu lange unter Wasser gewesen.

»Was hast du ausgefressen?«

»Das ist eine komplizierte Geschichte und ich muss weg.« Er klemmte sich Bild unter den Arm und wollte aufstehen.

»Unsinn.« Sie packte seine Schulter und schubste ihn mit einem kräftigen Hieb zurück. Eine Sprungfeder bohrte sich in seinen Oberschenkel.

»Wohin denn? Hier finden sie dich nicht.«

Unsicher sah Khaled zur Tür. Sie hatte ja recht. Zurück zu Onkel Latif konnte er nicht. Und die letzte U-Bahn war inzwischen vermutlich auch schon weg.

Außerdem wartete die Polizei bestimmt nur darauf, dass er dort aufkreuzte.

»Erzähl schon.« Die Alte zog einen Stuhl aus Rohrgeflecht heran und nahm den Stapel Zeitschriften, der darauf lag, in die Hand.

Khaled beobachtete sie. Der Laden war so zugestopft, dass man nicht einmal ein Glas Wasser hätte abstellen können, geschweige denn einen Packen Zeitschriften. Die Alte schien zu dem gleichen Schluss zu kommen. Sie legte sie zurück auf den Stuhl und setzte sich kurzerhand darauf. Damit thronte sie einen ganzen Kopf über Khaled, aber da ihre Beine in der Luft baumelten, wirkte es ziemlich lächerlich.

»Also gut«, gab er nach und legte das Bild wieder auf seinen Schoß. »Was wollen Sie wissen?«

»Alles.«

Khaled sah sie skeptisch an. »Wozu?«

»Ich liebe gute Geschichten, und ich habe viel Zeit.«

Er lächelte unsicher. »Woher wollen Sie wissen, dass es eine gute Geschichte ist?«

»Ich weiß es.«

Khaled atmete tief ein und aus. »Ich glaube, ich habe einen Mord am Hals.«

Sie hob eine Augenbraue. »Und wen hast du um die Ecke gebracht?«

Er richtete sich kerzengerade auf und hob abwehrend die Hände. »Niemanden. Das ist es ja gerade.«

Die Alte nickte mit einem besserwisserischen Grinsen.

Sie begann wieder mit ihren Beinen zu schlenkern und schob ihre Hände unter die Oberschenkel. »Das klingt nach einer interessanten Geschichte.«

Schweigend kehrten Riedel und Celina zu ihrem Dienstwagen zurück.

»Ich brauche dringend was zu essen«, brach es auf einmal aus ihr hervor.

»Ich auch.« Er warf ihr einen Seitenblick zu und grinste. »Kommen Sie, wir fahren zu Papa in die Hermannstraße.«

Celina blieb stehen. »Sie wollen mich jetzt nicht ernsthaft zu Ihrem Vater schleppen?«

Riedel lachte auf. »Sagen Sie nur, Sie waren noch nie bei Papa? Das ist der Imbiss mit den leckersten Burgern, und das Beste ist, er hat rund um die Uhr offen.«

»Nichts wie hin.« Sie fischte den Autoschlüssel aus der Tasche. »Sie fahren.«

»Steckten Sie in meiner Haut, würden Sie es kaum eine interessante Geschichte nennen«, sagte Khaled.

Der Mund der alten Frau verzog sich zu einem breiten Lachen und entblößte eine viel zu weiße und ebenmäßige Zahnreihe.

»Hmm, Konjunktiv. Der Junge hat seine Hausaufgaben gemacht.«

Khaled sah sie irritiert an.

»Einmal Lehrerin, immer Lehrerin«, sagte sie fast entschuldigend.

»Lehrerin? Sie sind Lehrerin?«

Sie nickte heftig, wobei das Haargebilde auf ihrem Kopf ins Schwanken kam. »Oh ja, Deutsch und Sport.«

»Warum arbeiten Sie dann hier?« Er machte eine weitausholende Atembewegung.

»Du meinst in diesem Ramschladen?«

Er nickte vage. »Sie sind doch sicher längst Rentnerin.«

»Ach, weißt du, das ist eine dumme Geschichte.«

»Ich habe Zeit.« Khaled lehnte sich in seinem Sessel zurück und verschränkte die Arme.

Sie lächelte verschmitzt. »Du lernst schnell.«

Er grinste. »Das hat man mir schon manches Mal nachgesagt.«

Ihr Blick wanderte an Khaled vorbei, auf einen Punkt, der sehr viel weiter entfernt zu sein schien als das überquellende Regal an der Wand hinter seinem Sessel.

»Die Kurzversion lautet, vor zwanzig Jahren habe ich den Mann meiner Träume kennengelernt, habe in der Schule gekündigt, mir meine Pension auszahlen lassen und war bereit, mit ihm nach Sri Lanka zu gehen, um dort ein kleines Hotel zu führen.«

»Dostojewski«, stellte Khaled nüchtern fest.

Sie nickte und sah plötzlich aus wie ein kleines Kind, das beim Auswickeln der Geschenke am Vorabend von Weihnachten erwischt wird. »Ja, `Der Idiot´. Ein echter Klassiker.« Sie holte geräuschvoll Luft. »Mir blieb nichts. Weder der Mann noch das Geld noch das Hotel. Und natürlich auch die Liebe nicht.«

»Konnten Sie die Kündigung nicht wenigstens rückgängig machen?«

»Möglich, aber was hätte mir das gebracht? Meine Pensionierung stand ja quasi vor der Tür. Nein, es musste etwas sein, das mir meinen Lebensunterhalt auf Dauer sichert. Haushaltsauflösungen haben immer Konjunktur.«

Sie zuckte lächelnd die Schulter, hopste behend von ihrem hohen Stuhl und verschwand hinter einem quer in den Raum gestellten Eichenschrank. Gleich darauf hörte Khaled Wasser rauschen und Geschirr klimpern.

Er stellte das Bild vorsichtig auf dem Boden ab, lehnte es an die Seitenwand des Sessels und folgte ihr.

Im Schein einer Petroleumlampe stellte sie gerade eine Teekanne auf einen winzigen Samowar, der neben einer elektrischen Kochplatte stand. Im Halbdunkel erkannte Khaled in der Ecke ein Lager aus Wolldecken auf dem Boden.

Riedel stieß seine Bierflasche gegen Celinas.

»Bernd.« Er prostete ihr zu.

Sie sah ihn mit großen Augen an und verschluckte sich fast an dem riesigen Happen, den sie gerade abgebissen hatte. Hastig kaute sie und sagte mit halb vollem Mund, »Celina.«

Riedel nahm einen großen Schluck und seufzte. »Es geht doch nichts über ein kühles Bier nach getaner Arbeit.«

Sie sah ihn grinsend von der Seite an. »Ich dachte, an erster Stelle steht Kaffee?«

»Sowieso.«

Sie setzte ihre Flasche an den Mund und trank sie halb leer. »Stimmt, Bier ist gut, auch wenn der Tag nicht gerade sehr glorreich geendet hat.«

Riedel zuckte die Schulter. »Mach dir keinen Kopf darum. Du machst verdammt gute Arbeit.«

Ein Lächeln zog über ihr Gesicht, als sie schnell den nächsten Happen nahm.

Die Alte folgte Khaleds Blick und murmelte: »Ist praktischer so.«

Mit schnellen Handgriffen, stellte sie Tassen, Zucker, Kekse und den Samowar auf ein Tablett und drückte es ihm in die Hand.

»Wehe, du lässt was fallen«, sagte sie, als er ein wenig zu schwanken begann.

Dann marschierte sie zurück zu ihrer Sitzecke. Sie nahm den Stapel Zeitschriften vom Stuhl, legte sie auf den Boden und bedeutete Khaled, das Tablett darauf abzustellen.

»Nein, dieses Mal nehmen Sie den Sessel«, sagte er, als sie Anstalten machte, sich wieder auf den Stuhl zu setzen.

Sie sah ihn misstrauisch an und schaute zur Tür.

»Keine Angst, ich haue schon nicht ab. Ich schulde Ihnen schließlich noch meine Geschichte.«

Sie setzte sich und begann, zwei goldverzierte Teetassen zu füllen.

»Rosemarie Tinke«, sagte sie und prostete ihm zu.

»Khaled Al-Khat«, erwiderte er lächelnd.

»Ägypter? Meine hübschesten Schüler waren immer Ägypter.«

»Libanese. Deutsch-Libanese.«

»Hrm«, machte sie, offenbar unzufrieden mit seiner Antwort. »Aber du bist so hübsch wie ein Ägypter.«

»Meine Großmutter stammt aus Ägypten.«

»Na, also. Wusste ich´s doch. Der hast du mit Sicherheit deine sanften Augen zu verdanken.«
Khaled nahm einen Schluck Tee.
»Genug Zeit verplempert«, sagte sie und griff nach einem Keks. »Wie bist du zum Mörder geworden?«
Er zuckte zusammen und verzog gequält das Gesicht. »Ich habe niemanden umgebracht!«
Sie schmunzelte. »Das sagen sie alle.«
Khaled beugte sich vor, zog das Bild wieder hervor und strich behutsam über das aufgerissene Packpapier.
»Eigentlich hat mir das hier den ganzen Ärger eingebrockt.«
Frau Tinke hob fragend eine Augenbraue.
Khaled schob seinen Finger unter den Riss der Verpackung und begann, das Bild auszupacken.
»Oh«, entfuhr es ihr.
Khaled reichte ihr das Bild.
»Ab und zu bringen mir Kunden eine Kalligrafie, aber so etwas Schönes habe ich noch nie gesehen.«
Sie betrachtete es lange.
»Was steht da? Kannst du es mir übersetzten?«
Khaled schüttelte bedauernd den Kopf. »Ich spreche zwar Arabisch, aber ich habe nie gelernt, es zu lesen oder zu schreiben.«
»Wie schade.«
Es war mehr als schade, dachte Khaled. Er hatte immer noch keine Ahnung, warum gerade dieses Bild seinem Onkel so wichtig war, und vielleicht lag der Schlüssel dafür ja in dem, was da geschrieben stand.

Frau Tinke betrachtete das Bild von allen Seiten. »Auf den ersten Blick sieht es sehr alt aus, aber das ist es nicht, oder?«

»Nein, meine Mutter hat es gerade erst fertiggestellt.«

»Deine Mutter?« Die Alte sah ihn überrascht an.

»Sie stammt aus einer alten Kalligrafenfamilie. Normalerweise wird die Kunst nur an die Söhne weitergegeben, aber sie hat ihren Vater so lange bekniet, bis er sie auch unterrichtete. Im Libanon war sie mal richtig berühmt, aber dann kam der Bürgerkrieg und mit Kunst war dann nichts mehr zu verdienen.«

Frau Tinke reichte ihm das Bild zurück. »Jungchen, du willst mir doch nicht weismachen, dass sich mit solchen Bildern nicht auch hier Geld verdienen lässt.«

»Ich schätze, Sie haben recht. Vermutlich war das der Grund, weshalb mein Vater immer dagegen war, dass mein Onkel ihre Bilder in die Finger bekam.«

»Aber?«

Khaled schluckte. »Mein Vater starb im letzten Jahr ganz plötzlich. Eine Blutvergiftung. Seitdem sind wir auf die Unterstützung meines Onkels angewiesen.«

Frau Tinke sah ihn von der Seite an.

»Lass mich raten, dein Onkel verkauft die Kalligrafien für euch.«

Khaled fuhr sich durch die Haare. »So ungefähr. Ich sage doch, es ist eine komplizierte Geschichte.«

»Ich habe Zeit«, sagte Frau Tinke lächelnd.

»Nach dem Tod meines Vaters stellte sich heraus, dass unser Haus mit hohen Hypotheken belastet war und dass es überhaupt keine Ersparnisse gab. Anfangs sah es so aus, als müssten wir das Haus verkaufen. Aber dann kam mein Onkel und bot an, uns zu helfen, wenn meine Mutter ihm dafür die Kalligrafien überließ, die auf unserem Dachboden lagerten.« Er nahm einen Schluck Tee, dann sprach er weiter. Es tat gut, jemandem die ganze Geschichte erzählen zu können.

»Meiner Mutter war alles egal, sie saß nur noch mit dem Koran in der Hand in ihrem Sessel und trauerte um meinen Vater. Also musste ich die Entscheidung treffen. Ich wusste, dass es ihr das Herz gebrochen hätte, wenn wir aus unserem Haus hätten ausziehen müssen.«

Frau Tinke nickte. »Also hast du deinem Onkel die Bilder überlassen.«

Er nickte. »Aber vorher habe ich jedes einzelne noch fotografiert.«

»Kluger Junge. Ich hoffe, du hast sie sicher verwahrt.«

Khaled klopfte sich auf die Hosentasche. »Alle auf meinem Handy.«

Sie zog die Augenbrauen in die Höhe. »Darf ich sie sehen?«

»Ja, natürlich.« Khaled zückte sein Handy und hockte sich neben sie. »Sie brauchen nur darüber zu streichen, dann kommt schon das nächste Bild.«

Frau Tinke versank in der Betrachtung und machte nur ab und zu kleine bewundernde Geräusche.

Bei einem Bild aber ging ein Ruck durch sie. »Wer-, wer ist das?«

»Oh, das ist Onkel Latif. Kennen Sie ihn?« Frau Tinke betrachtete das Foto lange, dann reichte sie Khaled das Handy zurück. »Das sind große Kunstwerke. Danke, dass ich sie mir ansehen durfte.«

Er lächelte. »Inzwischen arbeitet meine Mutter sogar wieder an neuen Bildern. Mein Onkel gibt sie in Auftrag. Eigentlich muss ich ihm sogar dankbar dafür sein, denn die Arbeit hilft ihr über die Trauer hinwegzukommen.«

Frau Tinke deutete auf das Bild, das vor ihnen lag. »Und was hat es nun Besonderes damit auf sich?«

Khaled seufzte. »Mein Onkel wartet schon seit Tagen auf dieses Bild. Es ist das letzte aus einer Serie von zehn. Heute war es endlich fertig.« Er erzählte, wie er nach Hause gekommen war und seine Mutter ihm das Bild in die Hand gedrückt hatte, damit er es sofort zu Onkel Latif nach Hause brachte. Er erzählte die ganze Geschichte, ohne etwas auszulassen. Am Ende fasste er sich an den Kopf und atmete tief aus. »Puh, das klingt alles ziemlich verrückt, was?«

»Ach, weißt du, das Leben ist nun mal mitunter verrückt. Aber eins interessiert mich noch. Wieviel zahlt er deiner Mutter für ihre Bilder?«

»Nichts, aber dafür wohnen wir weiter in unserem Haus.«

»Das dachte ich mir.« Sie stand auf und streckte sich. »Ich bin müde. Was hältst du davon, ein Nickerchen in meinem Sessel zu machen. Und danach sehen wir mal, ob wir dein kleines Problem nicht lösen können.«

»Aber wie wollen Sie-?«

Sie hob ihren Finger und sah ihn streng an. »Nicht jetzt. Schlaf ein bisschen.«

Damit verschwand sie um die Ecke. Khaled hörte sie mit ihren Decken rascheln und setzte sich in ihren Sessel. Schlafen konnte er bestimmt nicht, dafür aber in Ruhe nachdenken.

Kaum eine Minute war vergangen, als ihm die Augen zufielen.

Bernd Riedel schleppte sich zum Kaffeeautomaten und genehmigte sich die zweite Tasse an diesem Morgen. Zum Teufel mit den ärztlichen Ratschlägen, ihm fehlten mindestens drei Stunden Schlaf, und wenn er den Tag überstehen wollte, ging das nur mit dem entsprechenden Koffeinpegel.

Celina hatte ihn viel zu früh mit ihrem Anruf geweckt und ihm eine lange Geschichte erzählt, von der er lediglich behalten hatte, dass dieser Al-Khat vor drei Jahren sein Abitur mit einem Notendurchschnitt von 0,9 gemacht hatte –wie so etwas sein konnte, war ihm ein Rätsel -, dass er tatsächlich studierte und so gut war, dass er sogar ein Stipendium bekam.

Jetzt kam ihm Celina schon auf dem Flur entgegen.

»Morgen, Bernd, du glaubst nicht, was ich heute Morgen noch alles rausgekriegt habe.«

Zwei Kollegen, die gerade vorbeikamen, grinsten ihn an und reckten den Daumen in die Luft. »Bernd, also. Wurde ja auch Zeit.«

Alle machten sich schon lange darüber lustig, dass er darauf bestanden hatte, sie so lange zu siezen.

Celina blieb neben ihm am Kaffeeautomaten stehen.

»Das Haus, in dem Al-Khat und seine Mutter wohnen, war mit einer hohen Hypothek belastet, und die Praxis ist kaum etwas wert, weil es nur einen ganz kleinen Patientenstamm gab. Offenbar hat der Vater Patienten oft umsonst behandelt, wenn sie kein Geld hatten.«

»Hm«, brummte Riedel und nahm einen Schluck Kaffee.

»Aber jetzt kommt´s. Die Hypothek wurde vor drei Monaten vom neuen Eigentümer auf einen Schlag getilgt. Und jetzt rate mal, wie der heißt.« Mit leuchtenden Augen sah sie ihn an und konnte die Antwort kaum zurückhalten.

»So wie Sie-, äh, wie du aussiehst, kann das nur Ali Baba sein.«

»Richtig, Latif Hubbi.«

Khaled erwachte, weil ihn jemand an der Schulter rüttelte. »Aufwachen. Die Nacht ist rum.«

Verschlafen blickte er um sich, und schlagartig wurde ihm wieder bewusst, wo er war.

Bei Tageslicht besehen, sah Frau Tinke gar nicht so alt aus. Höchstens siebzig, schätzte er. Dafür wirkte der Laden nun noch viel vollgestopfter. Aus einem Regal an der Wand quollen gelblich verfärbte Gardinen, daneben lagen Pelzmäntel und Bettwäsche und Wollpullover. Alles durcheinander. In den Regalen, die kreuz und quer im Raum standen, stapelten sich Vasen, Teekannen, Teller, Tassen, Silberschalen, Samoware. Auf einem Schrank standen drei ausgestopfte Füchse unter einem aufgespannten chinesischen Schirm.

»Du musst von hier vorne verschwinden. Ich muss den Laden aufmachen. Ein Kunde will mir gleich einen Nachttisch vorbeibringen.«

Sie wollte ihn in ihre Kochecke schieben, aber Khaled bückte sich und hob erst das Bild auf. Sorgfältig schlug er es wieder in die ramponierte Verpackung ein.

»Bedien dich«, sagte sie und deutete auf das kleine Frühstück, das neben der Kochplatte stand.

Dann erschien schon der Kunde, und Khaled lauschte interessiert der hartnäckigen Preisverhandlung.

Kurz darauf schaute Frau Tinke um die Ecke und sagte, »Komm, Jungchen, hilf mir mal. Wir stellen ihn erst einmal vor die Hintertür.« Sie schloss die Tür auf.

Khaled hob den alten Nachttisch an und trug ihn hinaus.

Mit einem schelmischen Lächeln auf dem Gesicht rieb sie sich die Hände. »Ein echtes Schnäppchen. Bestimmt hundert Jahre alt und feinste Handarbeit.« Sie drückte die Tür wieder zu und sagte. »So, und jetzt kannst du deinen Onkel anrufen und ihm sagen, dass er sich das Bild hier abholen kann.«

Khaled sah sie ängstlich an. »Denken Sie, das ist eine gute Idee? Was ist, wenn die Polizei ihn beobachtet? Ich will nicht, dass die mich hier finden.«

Sie winkte ab. »Mach dir darum mal keine Sorgen.«

Khaled seufzte und zog sein Handy hervor. »Was soll ich ihm sagen, wo er hinkommen soll?«

»Sag einfach, er soll zur Urbanstraße kommen, zum Tamilischen Tiger.«

»Hausnummer?«

»Er wird es schon finden.«

Riedels Handy klingelte.

»Okay. Gut. Und lassen Sie ihn diesmal nicht aus den Augen«, sagte er und legte auf.

Celina sah ihn fragend an.

»Ali Baba verlässt gerade sein Büro.«

Sie setzte sich in Bewegung. »Na, dann nichts wie los. Wird für die Kollegen nicht leicht, im Berufsverkehr an ihm dranzubleiben.«

»Ganz ruhig. Der nimmt die BVG, darauf wette ich.«

Sie stoppte und sah ihn stirnrunzelnd an.

»Er hatte vor gut zehn Jahren einen Autounfall, seitdem setzt der sich in kein Auto mehr.«

»Und was machen wir jetzt?«

»Warten.« Riedel begann in Richtung ihres Büros zu laufen.

»Ich hasse warten«, sagte Celina.

»Es bringt nichts quer durch die Stadt zum Westhafen zu fahren. Verlassen wir uns lieber auf die Kollegen.«

Gut zehn Minuten später klingelte das Handy erneut.

»Er steigt gerade in die U7 Richtung Rudow. Fahren wir doch mal zum Hermannplatz und schauen, ob der Herr nach Hause will.«

»*Tamam*.« Einverstanden. Das war alles gewesen, was Onkel Latif geantwortet hatte.

Khaled sah schon zum fünften Mal auf die Uhr, stand auf und begann in der winzigen Wohnküche auf und ab zu laufen. Drei Schritte hin, drei zurück. So musste sich eine Wildkatze im Käfig fühlen. Wenn er nur seinen Rucksack nicht verloren hätte, dann könnte er jetzt wenigstens lesen. Er lugte um die Ecke des Regals.

»Frau Tinke?«

»Ja?«

»Haben Sie vielleicht etwas zu lesen für mich?«

Sie lachte auf. »Jede Menge. Wonach ist dir? Liebesromane und Western liegen unten rechts bei den Gardinen, Krimis hinter dem Sessel.« Sie betrachtete seinen Gesichtsausdruck. »Das sagt dir wohl alles nicht zu. Dann schau doch mal in das Schränkchen neben meinem Bett.« Sie drehte sich um und ging zurück zu ihrem Tresen, um weiter alte Zeitungen auseinanderzufalten.

Khaled bückte sich und öffnete zögernd die kleine Schranktür. Ordentlich nebeneinander aufgereiht standen da Bücher von Rilke, Dostojewski, Schiller und Morgenstern.

Vorsichtig zog er einen Gedichtband von Schiller hervor und schlug ihn auf.

»Es geht los«, sagte Riedel zu Celina, als Ali Baba die Treppen des U-Bahnhofs hochkam.

Die Kollegen hatten sie informiert, dass er wie von Riedel vermutet am Hermannplatz aus der U-Bahn gestiegen war.

Anders als erwartet, bog er aber nicht in die Richtung Sonnenallee ab, sondern schlug den Weg zur Urbanstraße ein.

Mit großem Abstand folgten Celina und Riedel ihm.

»Ich weiß, wo der hingeht«, zischte sie auf einmal. »Das ist doch dieser Trödlerladen, wo du die Suche gestern Abend abgebrochen hast.«

Es klang vorwurfsvoll, aber Riedel hatte keine Absicht, darauf einzugehen.

Khaled war so vertieft ins Lesen, dass ihm das Läuten der Türglocke entging.

Erst als er Frau Tinke mit jemandem sprechen hörte, riss er sich von seinem Buch los.

»Man sieht sich immer zwei Mal im Leben«, sagte sie gerade.

»Ro-Rosemarie?«

Das war doch Onkel Latifs Stimme.

Khaled stand leise auf und schlich näher an das Regal, um besser hören zu können.

»Du erinnerst dich also noch an mich.« Frau Tinkes Stimme klang seltsam reserviert. »Ich hoffe, du hast mein Geld gut angelegt.«

»Es tut mir leid, Rosi. Aber du musst verstehen, es ging damals nicht anders.«

Sie lachte leise auf. »Ich gebe dir die Chance, es wiedergutzumachen.«

»Sicher. Ich zahle dir dein Geld zurück, mit Zinsen. Sag mir, wie viel es war, und du bekommst es sofort.«

Khaled bemerkte eine Bewegung hinter sich und sah eine Frau und einen Mann durch die Hintertür hereinkommen. Beide hielten eine Polizeimarke in der Hand.

Er presste seinen Finger auf die Lippen und deutete in Richtung Laden.

Die Frau holte empört Luft, doch der Mann nickte und bedeutete ihr, ruhig zu bleiben.

»Ich will dein Geld nicht«, sagte Frau Tinke gerade.

»Was willst du dann?«

»Ich will, dass du deinen Neffen bei der Polizei von allen Anschuldigungen entlastest. Du weißt, dass er nichts damit zu tun hat.«

»Ich ... ich verstehe nicht.«

»Der Mord auf dem U-Bahnhof gestern. Du warst da und kannst bestimmt ein paar Namen nennen. Oder beschuldige dich selbst, ist mir egal, aber lass den Jungen in Ruhe.«

Khaled warf den Beamten einen Blick zu, doch ihre ganze Aufmerksamkeit galt dem Gespräch.

»Und außerdem will ich, dass du aufhörst, seine Mutter zu betrügen.«

»Seine Mutter?«

»Du verdienst ein Vermögen an ihren Kalligrafien.«

Plötzlich schoben sich die Beamten an Khaled vorbei und steuerten auf seinen Onkel zu.

»Latif Hubbi. Sie sind festgenommen wegen des dringenden Tatverdachts der Mittäterschaft an dem Mord an Andrej Kurnakow.«

Unter Runas Umhang

alexandra lüthen

Runas Alter zu schätzen war unmöglich. Die Farbe ihres silbernen Haares verwies in die Sechziger, aber ihr Gesicht war glatt und faltenfrei wie das einer Frau Anfang zwanzig. Ihr Körper, unter den unzähligen Schichten von Röcken und Umhängen nicht zu erkennen, bewegte sich mit der Wendigkeit eines jungen Mannes durch die Menschenmengen des U-Bahnhofs Wittenbergplatz. Sie hielt den Blick gesenkt, aber im Neonlicht der Schächte blitzten ihre Augen in einem erstaunlich klaren Grün unter den fein gezeichneten Linien ihrer Brauen hervor. Runa schwamm durch die Menge, der Menschenstrom trug sie, und die genervte Hastigkeit der Pendler berührte sie nicht. Runa glitt durch die Schächte der Stadt wie eine Muräne durch das Felsengewirr vor der Küste.

Kurz vor Erreichen des Ausgangs stockte der Fluss, ein Murren ging durch die Menge. Vom Wittenbergplatz her drang das Rufen der Demonstranten in die Bahnhofshalle. Hände glitten in Manteltaschen, zogen Smartphones. »Du, es wird später, hänge hier fest, irgendeine Demo mal wieder…« Wofür oder wogegen demonstriert wurde, war Runa nicht wichtig. Aber dass demonstriert wurde, dass gefeiert, geshoppt oder gegafft wurde, war ihre Existenzgrundlage. Nur dann lief es für sie.

Aus einer Laune heraus griff sie mal hier, mal dort hinein. Drängte sich unbemerkt gegen gefühllose Rücken, schob ihre kleine Hand unter einen dicken Mantel, tätschelte Brieftaschen, streichelte Handys, berührte Autoschlüssel in Hosentaschen, befühlte sich lösende Uhren und lockere Ringe, ja, sie konnte es noch immer.

Runas Lehrstunden waren gefürchtet, aber wer es in dieser Stadt zu mehr bringen wollte als zum Kaffeebecherbettler, kam daran nicht vorbei. Bei Runa konnte man sich nicht bewerben, sie wählte aus. »Such´ Runa ...«, war der Rat, den die in der Stadt gestrandeten Kinder als einen der ersten bekamen, aber keins von ihnen fand sie. Runa war es, die sie auflas. Sie hatte den Blick, sagten die Frauen, die mit ihren vom Hustensaft betäubten Kindern vor den beheizten Kaufhäusern der Stadt auf dünnen Matratzen knieten. Jede von ihnen hoffte, dass Runa vorbeikäme und das Zeichen in ihren Becher würfe, einen roten Wollfaden, an dem eine durchlöcherte Münze hing. Wenn dies geschah, musste man warten bis zur Dunkelheit, seinem Kind Lebewohl sagen, einen letzten Kuss auf die kleine Stirn drücken und hoffen, dass es den eigenen Namen nicht vergaß. Wer Runa diente, gab Herkunft und Gesicht auf, nach ein paar Wochen erkannten selbst die Mütter ihre eigenen Kinder nicht mehr, wenn sie an ihnen vorüberschlichen. Einzig die Kette, gut verborgen unter der Kleidung, hätte einen Hinweis darauf geben können, dass das Kind zur Gruppe gehörte.

Sich wegzuducken unter der elterlichen Hand, hatte jedes von ihnen früh gelernt, sich vor dem Bösen ein Versteck zu suchen in noch den dunkelsten Ecken ebenfalls. Bei Runa brachten die Kinder zur Kür, was vorher bloße Überlebenspflicht war. Sie tanzten zwischen den Schatten, erhoben sich mit der Leichtigkeit kleiner Vögel aus dem Dreck der Straße, lösten die Fesseln ihrer Geburt, als wären sie zu nichts weniger als wilder Freiheit geschaffen worden. Sie wurden aufrechter und das, was vorher hart sein musste, durfte wieder feingliedrig wachsen, die Haut wurde weicher, durchlässig für die goldenen Fäden, mit denen Runa behutsam die klopfenden Herzen ihrer Kinder umwob.

In die Menschenmenge am Wittenbergplatz kam wieder Bewegung. Wie stockendes Blut aus einer Wunde flossen müde Banker, entnervte Mütter mit sperrigen Buggys und über Rollatoren gebeugte Rentner ins Freie. Runa schloss ihre Augen und fand doch ihren Weg. Sie spürte von innen, wohin die Menge sich wenden würde und wo ihre Schützlinge zu finden wären. Da, Remiro, sie konnte ihn riechen, noch bevor sie ihn spürte. Er schlüpfte unbemerkt unter ihren Umhang, fand die für ihn bestimmte Tasche und brachte ihr seine Beute. Viel Schmuck heute, wenig Scheine. Sanara kroch als nächstes unter den Rock, Runa war stehengeblieben, spürte die Kinderhand an ihrer Wade und das Knistern des Geldes auf ihrer Haut, als Sanara die gefalteten Scheine in Runas Strumpf schob.

»Wir haben die Alte!«, hatten die Schläger gebrüllt, als sie Runa an einem kalten Novembertag aufgespürt zu haben glaubten. »Jetzt wird dir das Lachen vergehen«, schnarrte einer. »Lumpenluder, jeden Knochen brech´ ich dir einzeln«, jemand dehnte sich knackend die Finger, die Stimme überschlug sich in hysterischer Vorfreude, »du verdirbst uns nicht mehr das Geschäft«. Doch Runa hatte gelächelt. Sie hatte sich gerne finden lassen an diesem Tag, an dem die Bettlerkönige der einzelnen Bezirke Jagd auf sie machten, um sie das Fürchten zu lehren. Grobgehauene Kerle mit breiten Händen und langgezüchteten Fingernägeln, lippenkauende Bärtige, stark wie Waldbären und stinkend wie Dachse, dazu der Iltis, schlankgezogen und sehnig mit vor Anspannung zitternden Fäusten. Noch hatte keiner sie angerührt, sie stachelten sich gegenseitig an. Jeder wollte ihr, solange ihre Trommelfelle noch nicht gerissen waren, seine Schmach und Beleidigung entgegenbrüllen, ihr ins Gesicht spucken, solange es noch schön war. Sie umkreisten sie, zogen die Bahnen enger, konnten nicht anders, als sie zu berühren, um sich sicher zu sein, die Hexe wahrhaftig gefangen zu haben. Runa schwieg und lächelte, sie schloss die Augen, spürte ihren Körper vom Bauch aus warm und ihr Herz ruhig schlagen. Jeder der Männer wollte der Erste sein, der sie verletzte, das machte sie sich zunutze. Durch eine kleine Drehung ihrer Hüfte, eine leichte Beugung ihres Rückens, das Hinabsinkenlassen der Schulter trafen die stahlberingten Fäuste der Schläger aufeinander, Eisenstangen schlugen auf Eisenstangen statt ihre Knochen zu zertrümmern, und flink wie ein Schwertfisch tauchte Runa durch das nach ihr tretende Gewirr von Stahlkappenstiefeln und Schienbeinen, nur noch eines ihrer zahlreichen Tücher hing über dem jetzt auf den Boden stürzenden Iltismann. Sie hörte das knirschende Krachen, als der Schädelknochen unter der Kapuze brach, sie hörte die durch den weichen Bauch gedämpften Tritte, sie roch den adrenalingetränkten Schweiß, der wolkig über den tötenden Männern hing. Schnell und mit leichter Hand nahm sie den Beutel des Iltis mit den Tageseinnahmen der Bettler der City West, des Alexanderplatzes, der Gropiuspassagen, hüllte sich in ihren Mantel und verschwand ungesehen.

»Ein Toter, drei Schwerverletzte, Abschiebehaft«, titelte am nächsten Morgen die »B.Z.«, Runa las es im Vorübergehen, es kümmerte sie nicht. Viel interessanter war der kleine Junge, der neben dem Zeitungsständer kauerte. Er war so klein und unauffällig, dass man ihn im Vorübergehen kaum wahrnahm. Seine dunkle Haut verschwamm mit dem Schatten des Kiosks zu einem undeutlichen, statischen Schemen, aber seine zierlichen Finger bewegten sich wie kleine Tierchen unablässig über ein Armbändchen aus Garn, welches er Knoten für Knoten knüpfte. Die dünnen Beine sahen aus, als wären sie das Laufen gewohnt und seine gesenkten Augen glitten über die Schuhe der vorbeieilenden Passanten, folgten instinktiv den besten Paaren. Flink zog Runa einen roten Faden aus ihrem Unterkleid, fädelte eine Münze auf und warf ihre Gabe in den noch leeren Becher zu seinen Füßen. Ileno, dachte sie, das ist dein Name.

Als sich der Mond über die Stadt erhob, voll wie eine reife Quitte, kehrte sie zurück. Ileno hatte verstanden, natürlich. Er schulterte die billige Plastiktasche mit Schlafsack und Wasser, die ihm die Mutter reichte, und nickte ihr zu. Sie weinte. Alle Mütter weinen, wenn die Kinder gehen. Wie sollte es anders sein, auch wenn man das Kind tausendfach für seine Geburt verflucht hat. Runa hatte dieses Schauspiel oft genug gesehen, um zu wissen, dass die Tränen nicht erst dann versiegen würden, wenn Ileno die ersten Brocken abliefern würde, sondern schon bei der nächsten Mahlzeit, wo für jeden ein Maul voll mehr übrig bliebe.

Runa musste nicht drängen. Ileno trennte sich rasch, folgte ihr in gleich bleibendem Abstand, drehte sich virtuos zwischen den schließenden Türen in den U-Bahn-Waggon hinein und verließ diesen unauffällig wie Runas Schatten, als der Zug am Zoologischen Garten wieder hielt. Der Bahnhofsvorplatz war zu der späten Stunde noch belebt, blasse Menschen drängten sich in der Jebensstraße, Flüche waren zu hören, als die letzten Plätze in der Notunterkunft der Bahnhofsmission vergeben waren und die Türen sich für die Nacht schlossen. Zielstrebig bahnte sich Runa ihren Weg zwischen Discountdealern, knabenhaften Männern und ihren dickbäuchigen Notquartieranbietern hindurch. Ein kurzer Blick zu Ileno, er war noch zu jung, um diese Szenerie als vertraut zu empfinden. Und so sollte es bleiben. Runas Kinder hatten es nicht nötig, ihr Leben auf diese Weise zu bestreiten oder vergessen zu wollen.

Niemand nahm Notiz von ihnen, beide zu ärmlich, um als Beute zu gelten, beide zu klein, perfekt, um nicht gesehen zu werden. Als sie rechts unter den S-Bahnbogen tauchten, war Runa auf einmal hinter Ileno. Sie legte ihre weiche Hand über seine Augen, mit der anderen führte sie seine Rechte an der Mauer entlang. Gebeugt schlichen sie durch das dichte Geäst, das sich an der S- Bahntrasse entlangzog. Rauer Ziegel, Metallösen, abgeplatzter Mörtel, eine Erhebung, eine Vertiefung, ein Griff, eine Drehung, ein Spalt, sie waren drin, und Runa gab Ilenos Augen wieder frei.

Auch wenn über ihnen gerade eine S-Bahn über die Gleise donnerte, lag der Raum in tiefer Ruhe. Ein kleines Licht brannte, in der hinteren Ecke des Raumes lagen in Schlafsäcken kleinere Kinder, den Kopf auf Kleiderbündel gebettet. Neben ihnen saß in einem Buch lesend Sanara. Sie blickte auf und sah Ileno ernst an, dann nickte sie und deutete auf einen freien Schlafplatz. Runa schob ihn sanft in die Richtung, blieb aber selbst stehen. Während Ileno sein Nachtlager aufschlug, ging Runa zu einem halbwüchsigen Jungen, der bereits in Jacke mit einem Rucksack neben sich auf sie zu warten schien. Sie kniete sich zu ihm, strich ihm das Haar aus dem Gesicht und nahm sein Kinn in die Hand, als sie ihn auf die Stirn küsste. »Du weißt, dass diese Nacht kommen musste, Piotr. Hab´ keine Angst, Du hast alles, was du brauchst. Wenn du mich suchst, werde ich dich finden, aber du wirst keinen Grund haben, mich zu vermissen. Du bist in mir und wir sind in dir.« Mit der linken Hand zog sie die Kette aus rotem Garn unter Piotrs Kragen hervor und schloss ihre Finger um die Münze. »Kann ich sie nicht behalten? Ich werde sie niemandem zeigen …« Runa lachte, ein leises, kupfernes Lachen, als würde ein sehr kleiner Gong geschlagen. »Piotr, lieber Piotr, du hast es oft genug gesehen. Die Münze trägst du nur, solange du noch meinen Schutz brauchst. Du musst es selbst nicht glauben, es genügt, dass ich weiß, dass du stark und klug genug bist für alles da draußen.« Ohne daran zu ziehen, hatte sie Münze und Kette schon in der Hand, mit der Rechten holte sie aus ihrem Umhang eine lederne Mappe hervor. Über Piotrs Wange lief eine Träne, er wischte sie mit dem Handrücken weg, schloss für einen Moment die Augen, und als er sie wieder öffnete, war sein Blick der eines jungen Mannes. Klar, wach, kraftvoll. Er erhob sich, nahm Runas Geschenk entgegen, verstaute es ernst in seinem Rucksack und nickte. »Wohin? Paris? Sankt Petersburg?«, fragte er. »Der Nachtzug bringt dich nach Prag. Es ist alles in der Mappe. Am Bahnsteig wird dich jemand erwarten. Mach dir keine Sorgen. Und lass dich nicht von diesen Anfängern ärgern, die beim Zwischenstopp durch die Abteile räubern.« Sie lachte wieder. Piotr nickte. »Während der Zugfahrt hast du Zeit zu lesen. Du warst Teil des

Austauschprogramms. Die Zeugnisse bescheinigen dir herausragende Leistungen. Der Direktor persönlich empfiehlt dich für die Univerzita Karlova. Die Aufenthaltskosten sind beglichen, alles Weitere wird dir in Prag mitgeteilt. Wir werden von dir hören, Piotr.«

Runa wusste nicht, auf wie schreckliche Weise sich dieser Satz erfüllen sollte, und so war ihr Herz frei und leicht, als sich die beiden jetzt umarmten. Piotr musste sich zu Runa hinunterbeugen, dann ging er. Schon fast am Spalt nach draußen, rief sie ihn zurück. »Etwas vergessen, Piotr?« Mit einem Zwinkern hielt sie ihm die lederne Mappe hin. Piotr lachte. »Du wirst nie damit aufhören, was?« Zum zweiten Mal wurde das Geschenk verstaut: »Pass auf dich auf, mein Lieber!« Hätte er nur zugehört, aber Piotr nahm die Worte als nicht mehr als einen freundlichen Abschiedsgruß, dann ging er endgültig.

Ileno in seinem Schlafsack war so müde, dass ihm trotz des wunderlichen Schauspiels die Augen zugefallen waren. Mit dem Verlöschen der Kerze sank er in den Schlaf, merkte nur verschwommen, wie Runa neben ihm ihre Decke ausrollte und erwachte am nächsten Morgen vom Duft heißer Milch, die in der kühlen Morgenluft dampfte. Runa verteilte die warmen Schälchen, weckte noch schlafende Kinder mit einem Reiben des Rückens und gab jedem ein Stück Gebäck. »Sanara, du gehst heute mit Roman, Ostbahnhof, Nadesha, für dich ist es Zeit, allein zu gehen. Bleib in der Nähe, wir sehen uns mittags. Die anderen wie üblich.« Die Kinder nickten, zufrieden kauend, manche gähnten noch, während sie das Frühstücksgebäck in die Schale stippten. »Das ist Ileno. Er geht mit mir.«

An einem anderen Ort vermischte sich kalter Rauch mit der Säure viel zu schwarz gekochten Kaffees. In fettigen Strähnen lockte sich Urso Michalskis tiefbraunes Haar über dem Kragen seiner speckigen Jacke. »Zu wenig Zucker!« Umgehend wurde nachgebessert. Schon kleinere Verfehlungen konnten dazu führen, dass der Boss einem die Brühe ins Gesicht schüttete. Die Tasse sah klein aus in seinen Pranken, er schlürfte erst missmutig und kippte den kochend heißen Kaffee dann entschlossen in einem Schluck die mächtige Kehle herunter. Das anschließende Brummen durfte als relatives Wohlbehagen gelten. Eine Zigarette später war er bereit, zu seiner Meute zu sprechen. Der Iltis war so schnell ersetzt worden, wie sein billiger Sarg im Feuer des Krematoriums aufgegangen war. Für den rothaarigen Svensko bedeutete der Tod des Iltis´ den lang ersehnten Aufstieg. Keine Basisarbeit mehr, nur noch ausgewählte Aufträge des Boss´. Er schlief nicht schlechter dadurch. Er war sich sicher, dass ihm diese Schlappe nicht unterlaufen wäre. Er kannte Frauen wie Runa. Er würde sich nicht täuschen lassen und lauerte auf seine Chance. Er würde dem Boss ihren Kopf bringen. Wahlweise auch die Hände, er war da flexibel. Svensko tötete routiniert, hatte sich aber die kindliche Freude am

Quälen bewahrt. Der Boss hieß Urso, aber niemand durfte ihn direkt mit Namen ansprechen, konnte sich auf ihn verlassen. Wenn es nur endlich soweit wäre.

Urso spuckte einen Batzen zähgrauen Schleim vor seine Füße. »Du! Kleiner Fuchs mit dem großen Maul, heute wirst du sie mir bringen. Vier meiner besten Männer habe ich verloren, glaubt sie. Es tut mir nicht um einen einzigen von ihnen leid. Versager alle. Gestern Nacht haben wir ihren Piotr geholt.« Sein Lachen war voll und dröhnend. »Wollte schon einsteigen, konnte aber der schönen Svetlana nicht widerstehen, welcher Mann könnte das schon. Dachte doch wirklich, die Liebe würde auf Gleis 17 auf einen dreckigen Straßenjungen warten. Unbelehrbar, diese russische Seele. Geh zu ihm runter und kitzel´ ihn mal ordentlich durch. Und dann machen wir uns fein für einen Besuch.«

»Wäre es nicht gut, ein Geschenk mitzunehmen?«, geiferte Svensko.

»Hä?«, gab der Boss begriffsstutzig zurück.

»Etwas, was sie gerne mag? Einen Teil Piotr vielleicht?« Die Augen des Fuchses blitzten.

Ein zufriedenes Lächeln überzog Ursos Gesicht mit dem Ausdruck echter Freude. »Das ist eine gute Idee, pack etwas Schönes für sie ein. Ich bin am frühen Nachmittag zurück, muss mich noch um die Läden kümmern. Bereitet alles vor.« Mit einem Schulterstoß im Vorbeigehen unterbrach er die Träumereien des Fuchses. »Na los, glaubst du, die Finger fallen ihm von selbst ab?«

Runa und Ileno strichen an diesem Tag vom Ernst-Reuter-Platz bis zum Tauentzien hinunter. Sie sprachen nicht viel, Ileno verstand selbst das Zucken in Runas Finger, das Kräuseln ihres Mundes, ein tiefes Einatmen auf Anhieb. Wie Mond und Satellit umkreisten sie die Charlottenburger Passanten und Geschäftsleute. Schon nach den ersten Diebstählen freute sich Runa, sich nicht getäuscht zu haben. Anders als bei den anderen Kindern lief es wie von selbst, sodass sie es sich gestattete, ihrem neuen Schützling einfach zuzusehen. Ein Wunderkind. Das helle Haar glänzte zwischen dunklen Jacken und war für die Menschen doch nicht mehr als ein zufälliger Lichtreflex, der sie umspielte. Einige lächelten sogar, während Ileno sie zärtlich beklaute. Mit dem Verlust ihres Geldes wurde es ihnen leichter um's Herz, so schien es. Runa hätte es nicht gewundert, wenn die Damen ihre Taschen noch ein Stück weiter aufgezogen hätten, aber das war nicht nötig. Ileno fand noch den kleinsten Spalt, die feinste Falte im Futter, den winzigsten Riss im Saum eines Mantels.

Runa dachte an Piotr. Er war ihr Sorgenkind gewesen. Die einzige Ausnahme, die sie je gemacht hatte, weil er zufällig vor ihrem damaligen Quartier gelegen hatte, halb erfroren. Monatelang hatte sie mit ihm trainieren müssen, bis er nicht mehr allzu sehr auffiel im Gewimmel, aber er hatte es nie zur virtuosen Unsichtbarkeit gebracht, wie die übrigen Kinder. Irgendetwas an Piotr war immer zu groß, zu sperrig, zu klar gewesen. Deshalb jetzt die Privatschule in Prag, noch zwei Jahre und er würde studieren können. Slavica würde gut für ihn sorgen, und als Arzt würde er es in einigen Jahren weit bringen. Ärzte müssen sichtbar sein, dürfen sperrig sein, sollen Klarheit zeigen. Es würde ihm gut gehen, sie hatte alles in die Wege geleitet und spürte jetzt, wie die Erleichterung sich ausbreitete. Wie anders fühlte sich da Ileno an, der kaum spürbar unter ihren Umhang glitt, nicht mehr als eine Luftbewegung, im Gleichklang zu ihrem eigenen Atem. Sie erkannte sich in ihm, eine sonderbare Freude pulste durch ihr Herz. Endlich hatte sie ihn gefunden, die kleine Hoffnung zwar nie verloren, aber es war Zeit geworden. Noch konnte sie für die Gruppe sorgen, aber es käme der Tag, an dem sie ihr Amt abgeben musste. Dieser Junge war ihr Nachfolger, sie fühlte es ganz deutlich. Der Junge in ihren Träumen hatte in der vergangenen Nacht endlich ein Gesicht bekommen. Ileno warf ihr ein Lächeln zu, bevor er wieder in der Menge verschwand und Runas Herz tanzte vor Freude.

Auf dem Tisch lag ein blutiger Lappen, darauf ein Stück graues Fleisch, die blassblauen Finger geschwollen von Gewebsflüssigkeit, die sich in den Fasern hielt. Die Männer stritten heftig, aber als Urso den Raum betrat, verstummten sie. Erstarrte Mienen, einzig Svenkos Lippen zitterten im Nachhall der Erregung.

»Und?«, fragte der Boss.

»Alles erledigt«, schnarrte der Fuchs, »sie sind unter den S-Bahnbögen am Zoo.«

»Dann holt Piotr, wie ich die Alte kenne, gibt es wieder irgendwelche Geheimwege. Er soll uns führen.«

Die Männer schwiegen, Svensko sah zu Boden. Eine Kaffeetasse flog durch den Raum. »Seid ihr taub? Soll ich euch Beine machen?«

»Sag's ihm, Fuchs, na los, sag's ihm.«

Svenskos Grinsen glitt ab, aber er bemühte sich, den Blick des Boss zu halten. »Sorry, er hat zu viel geblutet. Geht nicht mehr. Mussten ihn wegwerfen.«

Die anderen Männer blickten sich fragend an, einer wollte etwas sagen, kassierte aber gleich einen Ellbogenstoß in die Magengegend.

Urso bohrte die Zunge in seine Backentasche, dann spuckte er aus. »Du hältst dich für schlau, was, Fuchs? Du hältst dich für sowas von schlau. Ist dir einer abgegangen dabei, ja?« Mit einem angewiderten Wischen landete Piotrs Hand in Svenskos Gesicht, bevor sie in seinen Schoß fiel. »Das war das letzte Mal, dass du deinen Spaß auf meine Kosten hast, haben wir uns verstanden. Habt ihr den Russen ordnungsgemäß entsorgt?«

Die übrigen Männer nickten schnell. »Alles erledigt, Boss, nicht mehr zu finden. Die Hand wolltest du ja noch haben, oder?«

»Los, pack das ein, Fuchs, aber flott. Und die übrigen machen sich fertig. Gnade dir Gott, Fuchs, wenn wir das Lager nicht finden. Wir hätten ihn brauchen können, du Idiot, du musst noch viel lernen.«

Als es dunkel war, brachen sie auf. Der Fuchs hatte seinem Boss alles berichtet. Sie würden warten, bis die Kinder tief schliefen. Es waren derzeit nicht mehr als ein Dutzend, viele davon keine zehn Jahre alt, ein Witz, sich von dieser Bande terrorisieren zu lassen. Kinder lernen am besten durch Anschauung. Heute Nacht würden sie sehr gut lernen können. Und Runa würde beschäftigt sein, die Kinder zu schützen. Es würde umso leichter sein, je mehr Kinder anwesend waren. Der erste Plan war ein Fehler gewesen, aber den würde Urso jetzt höchstpersönlich korrigieren. Und auch der Fuchs würde noch mal zu seinem Recht kommen. Urso konnte ihn nicht leiden, seine Mordlust widerte ihn an, aber auch solche Leute brauchte man, wer wüsste das besser als er.

In den Katakomben des S-Bahnhofs war Stille eingekehrt. Runa hatte die Schätze des Tages sicher verräumt, die meisten Kinder schliefen eng aneinandergekuschelt. Ileno hatte sich auf seinem fast schon vertrauten Lagerplatz ausgestreckt und dachte darüber nach, wie wunderlich es ist, die Mutter zu verlassen, die man niemals hatte und gleichzeitig die zu finden, die man sich immer erträumt hat.

Runa kam nicht zur Ruhe. Sie hatte keine Nachricht von Piotr erhalten. Er hatte Prag nicht erreicht. Slavica hatte vergeblich gewartet. Er würde doch nicht an der Grenze ausgestiegen sein? Hatte sich doch nicht abwerben lassen? Nach allem, was sie besprochen hatten? Runa löschte das Licht und zog die Decke über sich. Mit der nächsten S-Bahn, die über ihre Köpfe dahindonnerte, wehte ihr der Geruch rohen Fleisches in die Nase. Dann Rauch. Männerschweiß, Schnaps, Metall. Die S-Bahn war durch, der Raum taghell erleuchtet von der Blendgranate, und sie konnte sich nicht so schnell aufrichten, wie die Drahtschlinge um ihren Hals lag. Durch den muffigen Lappen in ihrem Mund konnte sie kaum atmen, mit schreckgeweiteten Augen sah sie ihre Kinder sich zu einem Knäuel aus Armen und Beinen und kleinen Körpern gegeneinanderdrücken. Sanara hielt schützend die Kleinsten hinter ihrem Rücken zusammen.

Runa war zu keiner Bewegung in der Lage, der Draht schnitt tief in die zarte Haut ihres Halses, während die drei Männer systematisch den Raum durchsuchten und keuchend lachten, als sie die Kiste fanden. Sie behängten sich mit Ketten, zogen sich drei und vier Uhren über die grobschlächtigen Handgelenke, stopften sich Bargeld in die schmutzigen Taschen, und der Boss ließ sie eine Weile spielen. Ihm genügte es, mit gezogener Waffe neben dem Eingang zu stehen und den Blick zwischen Runa und den Kindern hin und her wandern zu lassen.

»Genug«, befahl er jetzt. »Wir sind nicht zum Vergnügen hier, es reicht, lasst uns zur Sache kommen.«

Der Fuchs knuffte Runa in den Rücken, schob sie ein Stück nach oben, ohne den Griff um die Schlinge zu lockern. Sie atmete nur noch flach, jedes Einatmen tat weh. Der Boss spuckte aus, dann, mit einem sanften Lächeln zu den Kindern. »Das Leben ist nicht schön, ich weiß das und ihr wisst das. Du, komm her.« Mit einer groben Drehung des Kinns rief er Sanara zu sich. Sie blickte zu Runa, diese schloss zustimmend die Augen. Sanara legte den Finger an die Lippen, drückte die Kinder zu Boden und ging unsicher zu Urso hinüber, dessen Gesicht jetzt von einer auf dem Boden stehenden Leuchte kluftig angestrahlt wurde. »Du hast Angst, Mädchen, machst dir fast in die Hosen. Brauchst du nicht, ich bin kein schlechter Mensch, aber ich bin auch nur ein Mann. Du wirst ein gutes Auskommen bei mir haben, wie alle meine Mädchen, mach dir keine Sorgen.« Mit harter Hand hob er ihr Kinn zu sich. Sie wich zurück, aber er hielt sie an einer Strähne ihres langen Haares bei sich. »Das wirst du dir noch abgewöhnen. Aber noch ist es nicht so weit, ich brauch dich erst noch für die Kinder. Du wirst sie führen, wenn wir die Alte los sind. Na, ist das nichts? Wie lange willst du noch in der zweiten Reihe stehen? Ich werde dich groß machen, verlass dich drauf. Hey!« Mit einem Fingerschnippen rief er einen seiner Männer zu sich, nahm ihm die glitzernde Kette ab und hängte sie Sanara um den Hals. »Schön, was? Was hat euch die Alte gezahlt? Eine Schale Milch jeden Morgen? Du wirst Champagner trinken, Vögelchen, hast du schon mal Champagner getrunken?« Sanara schüttelte kaum merklich den Kopf, ihre Augen suchten Runa.

Der Fuchs hielt sie erbarmungslos in einer halb knieenden Stellung am Boden. Runas Herz raste flach und viel zu schnell dahin, sie zwang sich zu einem ruhigen Atem. Still, Runa, still, sieh zu den Kindern. Da, Remiro gibt Acht. Sanara wartet nur auf den richtigen Moment, sie lässt sich nicht blenden von ein bisschen Schmuck. Warum hatte sie nur den Umhang abgelegt? Da lag er, nutzlos jetzt, unerreichbar, auf Ilenos Schlafplatz. Der Umhang hatte ihr oft gute Dienste geleistet, war mehr als nur ein Kleidungsstück, wer wüsste das besser als sie. Der Umhang lebte, sie sah das Atmen in ihm, wie sich der Stoff kaum merklich hob und wieder senkte, fast schienen sich die Fasern in ihre Richtung zu schieben.

Das Zerren der Drahtschlinge zwang ihre Aufmerksamkeit wieder zu dem groben Mann hinter ihr und dem Boss, der es genoss, Runas Vernichtung möglichst grausam zu inszenieren. »Na, Kinder, was bleibt übrig von einer, die sich mit mir anlegt, seht es euch an.« Er zeigte auf Runa. »Nichts als ein kümmerlicher Rest Dreck. Große Runa ... Dumme Runa ... wirst alt, machst Fehler ... lohnt eigentlich nicht mehr, dass ich mich hierher bemühe, wo ihr mir schon von selbst in die Arme lauft.«

Piotr!, schoss es durch Runas Kopf: »Was ist mit Piotr?« Der Fuchs hinter ihr lachte blechern und hämisch. »Na ja, wir sollen dich von ihm grüßen und wir dachten, wir bringen dir ein kleines, persönliches Zeichen... soll ich es ihr geben, Boss?« Er wartete nicht auf Antwort, fummelte mit der freien linken Hand in seiner Jackentasche nach dem Bündel und legte es vor Runas Knie. Sie schloss die Augen. »Willst du es nicht auspacken?« Der Boss kam jetzt persönlich herüber, mit der Fußspitze kickte er gegen das Päckchen, löste die Stoffbahn, bis die Fingerkuppen sichtbar wurden. Runa stöhnte. Sie sah nicht, dass ihr Umhang weiter auf sie zugewandert war, jetzt bereits in greifbarer Nähe lag, fast die

Knöchel des Fuchses berührte. Sie spürte nicht die Wärme des kleinen Körpers, der flach auf dem Boden in ihre Richtung geglitten war. Ihre Nase roch das kalte Blut Piotrs, nicht aber die noch immer warme Milch in Ilenos Atem, der mit der Sicherheit eines Jungtieres, das die Fährte seiner Mutter aufnimmt, ihre Nähe sucht. Runas Herz war voller Trauer, ihr Geist leer, die Hände nutzlos. Für jeden kommt die Zeit, sich zu ergeben. Die Kinder würden es schon schaffen, nicht alle, aber Sanara und Remiro waren stark und schlau. Der Boss würde sie nicht brechen können. Der Fuchs zog den Draht noch ein Stück enger, erregte sich an der Angst, die jetzt aus ihrem Körper aufstieg, in Runas Kopf breitete sich Nebel aus, Traumschwaden, ein dampfendes Pferd nahm sie auf seinen Rücken, trug sie durch eine karge Landschaft, die Füße wurden kalt, die Hände kribbelten, schwarz zog um sie auf, Geräusche verschwammen mit Gedanken. Sie wollte etwas sagen, nur flüstern, nur bitten, doch die Schlinge ließ nicht mal mehr Platz für Gedanken. Runas Körper wurde schlaff, sank gegen den hinter ihr geifernden Fuchs. Ein letztes Ausschlagen ihres Beines beförderte Piotrs Hand in die Mitte des Raums, der Boss wich zurück, pfiff dabei schrill den Fuchs zur Räson, der im Machtrausch nur noch Sinn für das Sterben unter seiner angespannten Hand hatte. »Lass sie los, du Idiot, hier gilt mein Wort!« Doch der Fuchs ließ nicht mehr locker, konnte nicht widerstehen, sog gierig Runas kleine Atemwolke in die eigene Lunge, verstand erst, als Ursos grober Griff ihn am Nacken packte und die Hand zwang, die Schlinge wieder zu lockern.

In dem Handgemenge senkte sich der dunkle Stoff des Umhangs über Runas Kopf, kleine Hände glitten unter gespannten Draht, lösten den scharfen Knoten von Runas Hals, schon schob sich die Schlinge um einen Knöchel, wand sich um einen zweiten, schwer besohlten Fuß, spannte das Seil.

Sanara sah es als Erste, ein Blick zu Remiro, der sich erhob, die geworfene Schlaufe auffing und sich mit dem Gewicht seines Körpers wieder zu Boden warf, sodass auch Svensko und Urso jetzt fielen. Die Waffe rutschte zu Sanara, ein Zufall zwar, aber sie hob sie auf, schnelle Schüsse zerschnitten Luft und trafen die Füße der beiden Begleiter, denen dennoch die Flucht ins Freie gelang. Die Kette um Sanaras Hals glitzerte kalt, als sie sich zu den drahtgefesselten, auf dem Boden Liegenden wandte und den Lauf der Waffe auf den Boss richtete.

»Sachte, Mädchen, sachte ... man kann doch reden ...« Urso erhob die Hände, mit lächerlich sanfter Stimme umwarb er Sanara. »Komm, sei vernünftig, das macht die Alte auch nicht wieder lebendig und irgendjemand muss sich doch um euch kümmern ...«

Remiro schnürte jetzt schneller, fand dünnes, festes Seil und band den winselnden Fuchs und den großen Bär zu einem ungleichen Paket Rücken an Rücken aneinander. Die kleineren Kinder folgten seinem Beispiel. Unter Sanaras auffordernem Blick sammelten sich die Kinder zu einer Traube, jedes nahm sein Bündel, in weniger als einer Minute waren sie bereit, zu gehen.

»Was ist mit Runa?«, fragte Remiro zu Sanara. Ihr rann eine Träne über die Wange, als sie mit Blick auf den auf dem Boden liegenden Körper unter dem Umhang zurückgab: »Es ist Zeit zu gehen. Wir können nichts mehr für sie tun. Lass uns abhauen. Sobald die Männer am Zoo sind, wird die Polizei hier auftauchen. Komm.« Schnell drückten sich die Kinder durch den Spalt und überließen den gefesselten Männern alle weiteren Erklärungen für die bald danach eintreffenden Beamten.

Ileno konnte nicht mehr. Runa war zwar leicht, aber es war ein langer Weg gewesen, den er ihren leblosen Körper auf dem Umhang liegend durch den verborgenen Gang in den Tunnel gezerrt hatte. Der Stoff bestand nur noch aus zerrissenen Bahnen. Hier, an dieser Stelle, fiel fahles Licht durch das Gitter eines Schachtes. Er legte sie vorsichtig ab und neigte das Ohr zu ihrem Mund. Sacht strich ihr kleiner Atem über seine verschwitzte Haut. Als er mit seiner Hand nach ihrem Puls tastend den Hals entlangfuhr, stöhnte sie leise vor Schmerz, seine Finger waren feucht von der Wunde, die der Draht gerissen hatte. »Schhh … schhh …«, beruhigte er sie. Einen Abzweig weiter fuhr eine S-Bahn vorbei, das Licht flackerte durch die dunklen Gänge, genügte Ileno, das Flattern der Augenlider Runas zu erkennen. Wieder zog er sie weiter, legte sie an sicherer Stelle ab, huschte nach draußen und kehrte bald wieder mit einer Flasche Wasser und einer Decke zurück. So lagerten sie dort, einen ganzen Tag und eine lange Nacht, er wärmte sie mit seinem Körper, flößte ihr kleine Schlucke ein, und schließlich kehrte das Leben in sie zurück. Und der Schmerz.

»Wo ist Piotr?«, waren ihre ersten rauen Worte.

»Ich weiß es nicht«, antwortete Ileno ehrlich. »Aber die anderen sind in Sicherheit und wir sind es auch.«

Remiro und Sanara beugten sich im fahlen Morgenlicht der über dem Tiergarten aufgehenden Sonne über die Zeitung. »Zuhälterkönig gefasst! Einen überraschenden Fund machte gestern die Berliner Polizei, als sie den blutigen Spuren zweier vor einer Schießerei flüchtenden Männern zu einem verlassenen S-Bahn Tunnel folgte: Der Berliner Rotlichtfürst Urso M., wegen zahlreicher Steuerdelikte und Menschenhandels gesucht, saß gefesselt und zur Mitnahme bereit inmitten zahlreicher Wertgegenstände. Auch den dort ebenfalls befindlichen, wegen schweren Raubs und gefährlicher Körperverletzung gesuchten Svensko St. nahmen die Polizisten umgehend fest. Unklar ist, wie sich die Männer Zugang zum BVG-Gelände verschaffen konnten und woher die sichergestellten Wertgegenstände stammen. Nach Angaben der Festgenommenen, diente der Raum einer Kinderbande als Wohn- und Lagerstätte, es wurden jedoch keine Spuren gefunden, die diese Behauptung bestätigen könnten.«

»Warum steht dort nichts von Runas Leiche?«, fragten Remiro und Sanara gleichzeitig. Ein vorsichtiges Lächeln stahl sich auf ihre blassen Gesichter. »Und wo ist eigentlich dieser neue Junge?«, überlegte Nadesha. Alle blickten zu Sanara. »Ileno? War nicht mehr bei uns ... war erst so kurz dabei, ich dachte, er wäre alleine abgehauen. Aber ... mal angenommen ... nein, das kann nicht sein ... Runa hat sich nicht mehr bewegt ... das kann nicht sein.«

Remiro unterbrach sie: »Und wenn doch? Wo würden sie hingehen? Sicher nicht hierher. Lasst uns zum Teufelsberg fahren. Du nimmst die Kleinen, ich die Älteren.«

»Aber teilt euch auf, wir treffen uns dort. Nicht tagsüber und nicht alle auf einmal. Ich hoffe ...« Der Satz hing wie eine helle Fahne über den Köpfen der Kinder.

»Ich auch, wir alle, Sanara.«

Remiros Gruppe erreichte den alten Bunker als Erste. Das Truppenübungsgelände der Amerikaner war seit Jahrzehnten verlassen, der Bunker tauchte auf keiner Landkarte auf. Er war zu Testzwecken gebaut worden, nach Abzug der Armee war der Eingang aufgeschüttet und bepflanzt und die unterirdischen Räume dem Verfall überlassen worden. Nur ein Kind oder ein sehr kleiner Mensch konnte durch das schmale, von Laub und Gestrüpp verdeckte Abluftrohr bis in den kleinen Vorraum kriechen. Nacheinander verschwanden sie in der Röhre, halfen die Kleinsten hindurchzuschieben, machten sich schmal.

Unschlüssig kauerten sie schließlich im halb verschütteten Vorraum, keiner wagte es, die Tür nach unten zu entriegeln. Als Sanara sich nach den Kleinen als Letzte aus der Öffnung zwängte, fasste sich Remiro ein Herz und öffnete die Schlösser. Nichts wies auf die Besucher hin, die vierundzwanzig Stunden zuvor denselben Weg benutzt hatten, und doch hing ein schwacher Duft in der dunklen Bunkerluft, ließ die Angst von den Kindern weichen, zog Sanara hoffnungsfroh weiter und ließ Remiro mutig werden, als er etliche Stufen und Windungen weiter das Rad der Tür drehte und lächelnd in das Licht blickte, welches den tiefen Raum unter dem Berg in einen warmen Schein tauchte.

Runa lag weich auf ein Kissen gebettet unter einer Decke. In einer winzigen hölzernen Kiste in Runas Schoß lag ein fest gewickeltes Bündel aus weißem Stoff, verschnürt mit einem roten Faden, gehalten von einer Münze, durch deren Loch in der Mitte Runa jetzt die losen Enden der Schnur zu einem festen Knoten knüpfte und anschließend den Deckel der Kiste schloss. Neben ihr blickte Ileno den Kindern ruhig entgegen. Einzig seine Finger bewegten sich unablässig wie kleine Tierchen über einen Umhang aus dunklem Stoff, den er für Runa flickte.

Mimikry

katja d. schreiber

Dunkel. Der Bühnenvorhang geschlossen. Das Orchester spielt. Sie sitzt in der ersten Reihe rechts von der Mitte. Sie schaut ihn an am Pult, sein Profil, während er das Vorspiel dirigiert. Sie sieht ein Bild: Umrisse eines Nachtlagers in dunkler Weite, die Feuerstelle erloschen. Das Bild still unter der Musik. Plötzlich trifft sie sein Blick. Er hat den Kopf zu ihr gedreht und schaut ihr direkt in die Augen. Erschreckt senkt sie den Kopf. Verharrt. Dann schaut sie wieder zu ihm. Er dirigiert konzentriert, sie folgt der Musik in seinen Bewegungen. Das Bild und sein Blick bleiben ihr. An die Oper erinnert sie sich nicht mehr.

1

Ich sitze in der Kugel des Fernsehturms und sehe dich. Ein Mal in der Woche fahre ich eine Runde in dem sich drehenden Restaurant, sie dauert eine Stunde. Hoch über Berlin trinke ich ein Glas Rotwein und spreche mit meinem doppelten Lottchen.

2

»Es kommt auch eine, die du noch nicht kennst, mit der wirst du dich verstehen.« So lud mich der Freund zu seinem Vierzigsten zum Brunch in Hamburg. Beim Reinkommen sehe ich unter den Gästen eine Frau mit Perlenkette, ein bisschen etepetete, denke ich. Als Erstes gratuliere ich dem Geburtstagkind. Der Freund öffnet mein Geschenk und schreit: »Iiiiihh.« Treffer. Mit zwei spitzen Fingern hebt er angeekelt die Gummischlange aus dem Karton, mit lautem »Iiih« lässt er sie wieder in die Schachtel fallen und lacht über seinen Ekel vor Schlangen. Die Frau mit der Perlenkette schaut in die Schachtel.

»Eklig. Ein mutiges Geschenk.«

Sie sieht mich mit gegruseltem Gesicht an. »Bitte, schenk mir nie eine Schlange. Auch nicht aus Gummi.«

»Lieber eine Spinne?«

»Bloß nicht!«

»Ein Buch? Kannst du lesen?«

»Mühsam.«

»Einen Comic. Wenig Text.«

»*Spider Woman*«, ruft sie lachend.

»Top! – Bist du Heidi?«

»Bist du Dorette?«

Wir klatschen die Hände aneinander. Dir gefällt mein schwarzes Jackett. Du hättest es gleich bemerkt, als ich reinkam. Toller Schnitt. Ich habe es gestern hier um die Ecke gekauft, sie haben es noch mal in 38. Die passende Hose dazu habe ich mir verkniffen. Du überlegst, ob dir die Jacke stehen würde. Spontan ziehe ich sie aus, gebe sie dir. Sie steht dir.

Gleich am nächsten Tag in deiner Mittagspause bist du vom Büro in die Boutique gegangen und hast die Jacke mit Hose gekauft.

3

Als ich dich vier Wochen später frage, ob du Lust hast, mit mir zur Silvester-Gala in der Oper zu gehen, hast du gleich ja gesagt. Ich freue mich. Ich will unbedingt dahin, ungern allein.

Du kommst angereist aus Hamburg mit einem Koffer voller Kleider, die du in meinem Gästezimmer ausbreitest. Wie brezeln wir uns auf? Dein pinkfarbenes Satinjackett mit schwarzer Paspel am Revers sieht bei mir schrecklich aus, bei dir highclass. Wir haben schon so viel Spaß beim Rumprobieren und Anhübschen, die Nacht kann uns nicht mehr verfrieren.

Nach Beethovens Neunter zum Jahresabschluss wird die Oper zum Ballhaus, Büffets überall, der Zuschauerraum ein Tanzsaal, das Orchester spielt Walzer, Foxtrott, Polka bis hin zu »Das ist die Berliner Luft, Luft, Luft«. Über tausend Menschen. Er sieht dich an. Wir stehen auf der linken Seite in der Nähe der Bühne und der Dirigent schaut rüber zu dir, bei seiner Ansage zwischendurch.

4

Sie hatte ihn zufällig entdeckt. Auf einem Foto in der Berliner Tageszeitung. Sie stutzte: Wer ist denn das? Der neue Dirigent an der Oper, aha. Sie kannte ihn nicht, vergaß das Foto. Vier Wochen später erblickte sie wieder sein Foto in der Zeitung: Ein besonderer Mann.

Ein paar Tage danach im Fernsehen ein Live Konzert, das er dirigiert. Sie sieht seine Bewegungen, seine

Mimik. Und erlebt etwas Neues: Sie folgt der Musik, bleibt dran, ohne gedanklich abzudriften, wie sonst bei klassischen Konzerten. Gespannt schaut sie ihm beim Dirigieren zu. Sie sieht die Musik in seinen Bewegungen. Sie sieht und hört. Sie hört, indem sie sieht. Aufmerksam folgt sie. Dabei steigt in ihr ein merkwürdiges Gefühl auf, von den Fußsohlen stetig hoch bis in den Brustkorb. Tränen kommen aus der Tiefe. Und die Worte: »Dich kenne ich.« Verrückt. Sie lässt es geschehen, folgt der Musik über seine Bewegungen. Verrückt. Wunderschön.

Sie ging ins Konzert und in die Oper, um ihm beim Dirigieren zuzusehen. Und sieht die Musik. So etwas hatte sie bei einem anderen Dirigenten noch nicht erlebt. »Du gehst in die Oper?«, fragten Freunde erstaunt. »Ich entdecke klassische Musik. Spannend.« Sie behält für sich, dass sie nur geht, wenn er dirigiert.

5
Auf der Silvester-Gala sage ich: »Er hat dich angesehen. Schon zum zweiten Mal.«
»Oder dich. Oder jemanden hier neben uns.«
Ich necke dich. »Der interessanteste Mann des Abends schaut zur attraktivsten Frau im Saal.« Bist du rot geworden unter deinem Make-up? Später haben wir ihn nicht mehr gesehen in dem Festgetriebe auf mehreren Etagen.
Der Schnee ist gar nicht kalt, als wir in unseren Tanzsandaletten zum Auto gehen.

6

Du gehst gern dahin, wo der Bär tanzt. Wir sind ein Hingucker. Bekommen die besten Plätze im Lokal. Haben lustige Flirt-Gespräche mit Männern, die wir nachher durchratschen. Wir ziehen gern miteinander los.

Du kommst oft von Hamburg nach Berlin übers Wochenende. So oft, dass dein schwuler Freund eifersüchtig sagt, ihr seid wie das doppelte Lottchen. Er meint das abfällig.

Du erzählst es mir begeistert, als du das nächste Mal kommst. Und sagst: »Wir sind ein doppeltes Lottchen!« Du nennst mich deine Zwillingsschwester. Und ich sage ja. Da ist sie, die Schwester, die ich mir immer gewünscht hatte, wie eine Zwillingsschwester. Eine, die gleich tickt, die mich versteht. Eine, die die Ecken, die sie an mir nicht versteht, einfach mag. Und mir geht es genauso mit ihr. Ein Zusammenklang in Gleichem und Unterschiedlichem. Wir als doppeltes Lottchen: Sie kannten sich nicht. Als sie sich trafen, mochten sie sich, fühlten sich verwandt. So hatte ich das noch nie erlebt, erklären kann man das nicht. Wie man eine Verliebtheit auch nicht erklären kann. Ein Hochgefühl mit dem anderen, eine Akzeptanz des anderen. Und auch das Gefühl, sich selbst zu mögen mit dem anderen. Wenn wir telefonieren, wenn wir uns sehen, ist das Leben leicht. Wir sind voller Elan, strahlen miteinander. Mit einer Frische, wie Jugendliche sich anfreunden, sind wir aufeinander zugegangen. Vierzigjährige Jugendliche. Doppeltes Lottchen.

7

Worin wir uns auch nah sind, beide mögen wir unsere Namen nicht. Wir gestehen es einander. Mit anderen sprechen wir nicht darüber. Es reicht, seinen Namen nicht zu mögen, es auch noch zu sagen, ist ganz doof. Das geht niemanden etwas an.

Heidi ist wenigstens ein normaler Name. Für dich naserümpfend normal. Meinen muss ich immer buchstabieren, hinten mit ‚tte'.

»Dein Name hat Esprit, meiner klingt nach Alm.«

»Dorette Froufrou. Bei dir Alm, bei mir Halbseidenes.« Wir lachen.

Den eigenen Namen nicht zu mögen, das verbindet.

8

Du lädst mich ins Restaurant ein, weil du bei mir wohnst. Dann zahlst du nur die Getränke und kaufst dir anschließend einen sündhaft teuren Body, den du mir abends stolz zeigst. »Natürlich kannst du ihn dir mal ausleihen, der steht dir auch.« Dafür lieb ich dich wieder.

9

Schönheit ist dir wichtig. Du pflegst dich bis in die Fingerspitzen. Auch gemeinsam: Beide haben wir Längsrillen in den Fingernägeln. Du feilst deine glatt und lackierst sie zartrosa transparent. Wenn ich meine lackiere, dann kirschrot, deckend. Kirschrot auch mein Lippenstift. Deiner blassrosa. Zu deinem

Schönheitsschlaf vor Mitternacht kommst du in Berlin nicht, den holst du in Hamburg nach. Schön aussehen ist dir wichtig, aber auch jung. Ich sei dein Vorbild, wie man attraktiv älter werden kann. Überschwänglich bedanke ich mich für das großartige Kompliment, immerhin bin ich vier Jahre älter als du. »Und siehst vier Jahre jünger aus als ich. Mindestens!« »Mindestens streichen wir«, korrigiere ich lachend. »Angenommen!«, stimmst du sofort zu.

Du immer mit perfektem Make-up und sorgfältig geföhntem Haar, mich beeindruckt deine Disziplin. Wie du deine Schönheit zelebrierst, finde ich ein bisschen drüber, aber auch anregend, weil ich salopp und ungeduldig bin. Vertrauensvoll erzählst du mir stolz, wenn wieder jemand gesagt hat, dass du schön bist. Du ziehst es an, dass man es dir sagt. Diese Strahlung fasziniert mich. Die Perlenkette von meiner Mutter, die ich nicht trage, hätte dir gut dazu gestanden. Das Schloss mit blauem Saphir und kleinen Perlen, ein schöneres als an deiner Perlenkette. Ich wollte sie dir schenken, du hättest sie nicht angenommen. Dein goldgeflochtenes Armband trägst du nicht nur am Handgelenk, sondern auch ans Revers gesteckt, und es sieht gut aus. Wenn ich mein goldenes Armband überhaupt trage, dann kombiniert mit einem Lederband. Jede in ihrem Stil, eine gute Kombi miteinander.

10

Im Schauspielhaus am Gendarmenmarkt besuchte sie ein Konzert, das er dirigierte, mit der deutschen

Premiere einer zeitgenössischen Komposition für Solo-Klarinette und großes Ensemble. Dramatisch und kraftvoll. Eine wuchtige Woge und schnell vorbei. Hinterher wartete sie beim Pförtner. Außer ihr niemand sonst. Sie ist aufgeregt, sie weiß ja nichts fachlich Kluges zu dem Konzert zu sagen. Als er kommt und das Programmheft signiert, sagt sie hastig, dass ihr das ungewöhnliche Stück sehr gefallen habe, am liebsten hätte sie es gleich noch mal gehört, es war so kurz. Himmel, wie naiv. Er nickt und geht, ohne etwas zu sagen.

Am nächsten Abend wurde dieses Konzert noch einmal in der Philharmonie gespielt. Sie sitzt in der ersten Reihe Mitte auf den Chorsitzen hinter dem Orchester, ihm am Pult direkt gegenüber. Nach dem zeitgenössischen Stück spricht er zum Publikum. Das Stück sei nicht einfach zu hören, beim ersten Mal durchaus fremd, vielleicht auch unzugänglich. Als deutsche Erstaufführung spielen sie es nun ab der Mitte noch einmal. Überraschung! Ob es das schon mal gegeben hat in einer Konzert-Aufführung? Und ob er es auch getan hätte, ohne ihre Worte gestern?

11

Du bist wieder ein Wochenende in Berlin, ich schlage vor, den Film *Contact* mit Jodie Foster anzusehen, mich interessiert das Thema »Wissenschaft und Glaube«. Du fragst, ob es da nicht um Außerirdische gehe, nach meinem »ja, auch« winkst du ab. Wir finden einen Film, den wir beide sehen wollen. Welchen, weiß ich nicht mehr.

Hinterher im »Florian« am Savignyplatz ist es voll. Ein Mann schubst dich unachtsam grob auf den Schoß eines Mannes am Tisch neben der Theke. Der lächelt dich spontan an. Du springst auf, schnauzt den Schubser an, knallst ihm »Flegel« an den Kopf und gehst erhobenen Hauptes aus dem Lokal, ich hinterher.

»Dir ist ja das Messer in der Hand aufgesprungen.«

»Ja, und? Nicht mit mir.«

»Du bist auf dem Schoß eines berühmten Schriftstellers gelandet. Er war amüsiert.«

»Ich nicht.«

»Hätte lustig werden können, wenn du nicht so um dich gehauen hättest.«

»Mir darf man nicht zu nah kommen.«

12

Du liebst Oper. Und ich liebe es, mit dir zu gehen. Wir kaufen teure Karten vorn in den ersten Reihen seitlich von der Mitte, damit ich ihm beim Dirigieren zusehen kann. Du machst mit, obwohl du preiswertere Karten vorgezogen hättest und obwohl du nicht verstehst, wie ich über ihn die Musik sehe. Auch für mich ein Geheimnis. Egal, mein Lottchen findet mich nicht albern, sie sitzt neben mir.

Dann beim Applaus, bei seinem Verbeugen, spannendes Beobachten, schaut er zu uns? Die Zuschauer in den ersten Reihen sieht er. Er bedankt sich für den Applaus, aufmerksam, mit schweifendem Blick von einer Seite über die Mitte zur anderen Seite und zurück, im Parkett und auf dem Rang, als wolle er jedem Zuschauer für den Beifall danken. Wir fühlen uns angesehen. Wie Teenager beim Rockkonzert. Und das in der Oper. Und mit vierzig. Miteinander fühlen wir das Kind in uns.

13

Du sagst, nächstes Jahr fahren wir nach Bayreuth. Du warst schon mal da, nun willst du zusammen mit mir dahin. Du würdest deine Kontakte mobilisieren. Er wird da nicht dirigieren, ich werde aber mit dir fahren. Du hast schon Spaß dabei, dir vorzustellen und auszuschmücken, wie das sein wird. Der besondere Klang im Festspielhaus, das Event auf dem Grünen Hügel. Wir dort als Gespann.

14

In deiner Wohnung im Souterrain, aber mit guter Adresse, hattest du, bevor wir uns trafen, ein Fest gegeben. Mit Büfett und Champagner. Dresscode: Smoking und Abendkleid. Eine witzige Inszenierung im Souterrain. Auf so eine Idee würd ich nicht kommen. Dabei dieses Kultivierte, wenn auch ein bisschen konservativ.

15

Beide lieben wir bildnerische Kunst. Du vor allem alte Gemälde, ich mehr zeitgenössische Bilder. Du begleitest mich in eine Ausstellung moderner Kunst. Wir gehen jeder im eigenen Rhythmus. Manchmal stehen wir gemeinsam vor einem Bild, Cy Twombly, Lucian Freud. Du hörst aufmerksam zu, was ich auf den Bildern sehe, wie sie auf mich wirken. Ich bin überrascht, wie wenig du siehst, obwohl du so viel ins Museum gehst. Dir sind moderne Bilder eher fern. Als ich dich ins Alte Museum begleite, nehme ich wahr, wie du eintauchst in die Gemälde. Hier im Museum erscheinst du mir, als ob dies die Welt ist, in die du eigentlich gehörst.

16

Im Traum sehe ich dich eine große weiße Marmor-treppe emporgehen in einer weißen weiten Halle, mit weißen Statuen rechts und links unten an der Treppe. Du bist schon ein paar Stufen gegangen und gehst stetig weiter aufwärts. Mit Nylons, schwarzen Pumps, im dunkelblauen Kostüm mit Etuirock, deine schulterlangen blonden Haare glänzend, in Form geföhnt. Deine Erscheinung perfekt wie die Statuen. Du allein die Treppe emporsteigend.

17

Als du von der Alten Nationalgalerie zurück-kommst, erzählst du mir froh, dass du viel Zeit für die Gemälde hattest, weil du die Warteschlange vor dem Haus umgehen konntest. Als du dort standest, viele vor dir, war ein Mann im Anzug mit Schal auf dich zugekommen und hatte dir den Tipp gegeben, dass es auch innen eine Kasse gebe, dort sei keine Schlange. Du hättest ihn angefahren »Wenn das nicht stimmt ...«

»... dann können Sie sich bei mir beschweren«, hätte er gesagt und dir seine Visitenkarte gegeben. Es stimmte.

»Dann kannst du dich ja bei ihm bedanken.«

Wir schauen uns die Visitenkarte an: Kunsthistoriker im Museum.

»Hej, ein interessanter Gesprächspartner für dich. Wer weiß, vielleicht auch mehr?«

Nun kommst du auch nach Berlin, um ihn zu treffen, den, der in deiner Welt arbeitet. Du wohnst bei mir. Gleich bist du mit ihm verabredet, in seinem Büro im Museum.

»Wie sehe ich aus?«

Schön sahst du aus in deinem Kostüm mit Nylons und Pumps.

»Trägst du Strümpfe?«

»Eine Strumpfhose.«

»Ein bisschen umständlich für Sex im Büro.«

»Ich habe keine Strümpfe!«

»Aber nur die Strumpfhose unter dem Rock?«

»Natürlich nicht. Einen Slip drunter und einen drüber, damit sie nicht rutscht.«

»Eine ziemliche Barrikade.«

Du bist genervt. »So etwas darfst auch nur du mir sagen.«

Der Tipp war gut. Als du in sein Büro kamst, hatte er hinter dir gleich die Tür abgeschlossen.

18

Du rufst aus Hamburg an und redest gleich los. »Das muss ich dir unbedingt erzählen. Vorhin hat er angerufen, ich hatte keine Zeit, hab nur kurz gesagt, er solle später wieder anrufen. Das hat er eben getan, vom Flughafen in Berlin, grad gelandet aus Hamburg. Er wollte mich hier treffen.«
»Und du hast gesagt, nimm den nächsten Flieger zurück und komm?«
»Natürlich nicht!«
»Aber er hat gleich vom Flughafen aus angerufen, nicht erst von zu Haus.«
»Er hätte doch gleich sagen können, dass er in Hamburg ist und Zeit hat.«
»Vielleicht warst du so kurz, dass er nicht dazu gekommen ist?«
»Ich konnte doch nicht ahnen, dass er in Hamburg ist.«
»Fragen, ob es etwas Wichtiges gibt?«
»Bei ihm passt es auch manchmal nicht, wenn ich anrufe.«
»Vielleicht wäre er gekommen, wenn du ihn gefragt hättest.«
»Das ist Hinterherlaufen.«

»Ärgerst du dich nicht über die verpasste Gelegenheit?«

»Ich kann es nicht ändern. Jetzt setz ich mich aufs Sofa, trinke Rotwein und lese.«

»Ich bewundere dich. Ich würd mich totärgern.«

19

Männer. Unsere Erfahrungen, immer wieder ein Thema. Wir sprechen über Männer, wenn sie noch Sex wollen, obwohl die Beziehung vorbei ist. Ich hatte zufällig einen Ex in der Kneipe getroffen, der mich unbedingt mitnehmen wollte in sein Hotel. Er sagte: »Warum nicht, wir kennen uns doch so gut.« Eine lästige Auseinandersetzung, dass auch »nur Sex« nicht mehr angesagt ist. Ich hasse es. Du kennst das auch und hasst es auch. Als dein Exmann dich mal besuchte und auch »nur Sex« wollte, hast du cool gesagt, dann aber schnell, ohne ausziehen. Nach fünf Minuten war er wieder draußen und ist nicht wieder gekommen. Ich habe bei der nächsten Begegnung mit dem Ex wieder eine lästige Auseinandersetzung.

20

Du führst mir dein neues Kleid vor, ein schwarzes Korsagenkleid, trägerlos, mit gebogtem Ausschnitt.

»Wie Anita Ekberg in *La Dolce Vita*.«

Du rümpfst die Nase. »Soll ich es zurückgeben?«

»Wunderschön. Und sexy, wenn du noch den Busen quellen lässt.«

»Das ist ordinär.«
»Sei nicht etepetete. Den Busen ein bisschen wölben lassen, wie im Dirndl.«
»Ich trage kein Dirndl.« Empört.
»Nee, nicht Heidi auf der Alm.«
»Und nicht Dorette Froufrou.« Wir prusten beide los. Ich sage:»Silvester Gala.«
Du sagst:»Bayreuth.«
»Ja, so.«
»Mit Wonderbra?«
»Unbedingt. Du hast doch einen.«
»Mehrere.«
Ich schmunzle.»Einer reicht.«
Zögernd betrachtest du dich im Spiegel.»Eigentlich gefällt mir das Kleid.«
»Perfekt. Mit Wonderbra.«

Abends im Restaurant mit zwei Freundinnen fragst du, ob es nicht ordinär sei, wenn im Ausschnitt der Busen quillt. Die eine sagt spontan:»Im Dirndl sieht es gut aus.« Ich schmunzle, sage nichts. Nach einigem Hin und Her lautet die Antwort auf deine Frage:»Es kommt immer darauf an.« Ja, klar. Ich denke, traut sie meinem Geschmack nicht?

21
Als deine Mutter starb, warst du sehr traurig. Ich auch. Wir hatten verabredet, sie gemeinsam zu besuchen in ihrer Kleinstadt im Süden. Es ist nicht dazu gekommen. Ich hätte sie gern kennengelernt. Du

hast so liebevoll von ihr gesprochen, wie gut du mit ihr reden kannst. Wie gern hätte ich das mit meiner Mutter auch gekonnt. Deine Mutter hatte, bald nach unserem Kennenlernen, unsere Horoskope miteinander verglichen und gesagt: »Besser geht es nicht.«

22

Du sagst mir ab, kommst am Wochenende nicht. Deine Schwester will mit dir nach Sylt fahren. Im Zug. Du hasst Zugfahren und du kannst Sylt nicht leiden, aber du fährst mit deiner Schwester.

Das Wochenende war teuer und zum Schluss habt ihr euch gekracht.

Du hattest lange kaum Kontakt zu deiner Schwester. Nach dem Tod eurer Mutter vor zwei Monaten hat sie gesagt: »Nun habe ich nur noch dich.« Und: »Früher stand Mutti an erster Stelle bei den Wahleingaben in meinem Handy, jetzt stehst du an erster Stelle.« Du sagst: »Sie ist meine Schwester. Ich muss mich um sie kümmern. Das musst du verstehen.«

Und wir als doppeltes Lottchen?

23

Telefonat am Vormittag.

Du: »Heute Morgen, als ich aufwachte, habe ich gedacht, dass ich wissen möchte, wie es dir geht.«

Hupps, so viele Ichs für eine einfache Frage? Ist das neu oder habe ich es vorher nicht bemerkt? Und noch ein Ich:

»Das möchte ich gern wissen.«

»Wie es mir geht?«

»Deswegen rufe ich an.«

»Alles gut. Und bei dir?«

»Stell dir vor, erst mal brauchte ich Starthilfe für mein Auto, so kam ich zu spät ins Büro, ein Kollege ist krank und der Chef hat schlechte Laune. Ich muss Schluss machen. Ich wollte ja nur hören, wie es dir geht.«

24

Ostersonntag, mein Geburtstag. Mein Geburtstagsgeschenk: wir im Gespann in die Oper. Es gibt zwei Vorstellungen am Ostersonntag, an meinem Geburtstag!

Vormittags ein Lieder-Konzert. Anschließend signiert er im Foyer. Ohne zu murren, stellst du dich mit mir in der Schlange an. Als wir vor ihm stehen, fragt er dich, woher du kommst. Das Paar vor uns war aus Madrid angereist. Ihr sprecht ein paar Sätze miteinander. Als er meine CD signiert, sage ich, es sei ein besonders schönes Konzert gewesen. Er sagt etwas zu dem Liedervortrag und schaut dich an. Ich sage, dass wir abends auch in die Vorstellung gehen. Die nächsten sind dran. Wir gehen mit den signierten CDs. Ich lade dich zum Geburtstagessen in die Paris Bar ein. Natürlich ein Glas Champagner. Wir lassen die Gläser aneinanderklingen. Ich freue mich, dass es heute noch eine Vorstellung gibt, die er dirigiert.

Abends die Opernvorstellung. Der Begüßungsapplaus. Dunkel, Stille. Ich sehe den Einsatz, höre die ersten Töne und bin in der Musik. Angedrahtet. Schlussapplaus. Sein Verbeugen, schweifender Blick durch den Zuschauerraum. Er legt die Hand aufs Herz und verbeugt sich wieder. Lang anhaltender Applaus.

Draußen vor der Oper nicht gleich ins Auto, ich möchte noch ein paar Schritte gehen, die Musik nachschwingen lassen. Wir schlendern hinter der Oper entlang. Allein, niemand sonst. Eine Limousine hält vor dem Intendanzgebäude und wartet, wahrscheinlich auf ihn. Wir drehen um, gehen seitlich am Opernhaus entlang. Unvermutet wird eine kleine Tür geöffnet innerhalb des großen Tores für Kulissen: er. Huch, was tun? Du ziehst den Kopf ein, beschleunigst deinen Schritt, weg.
Ein Blitz-Bild in mir: Du von hinten als Mann, trotz Pumps und Nylons. Zögernd gehe ich hinter dir her. Es ist albern, auch unfreundlich, ihm den Rücken zuzukehren. Natürlich hat er uns erkannt und gesehen, dass wir ihn gesehen haben. Ich drehe mich um zu ihm. Er ruft:»Sie sind ja noch da.« Du drehst dich auch um. Er kommt auf uns zu, wir gehen ihm entgegen. Er wiederholt:»Sie sind ja noch da.« Der Satz steht im Raum. Ich plappere los. Von meinem Geburtstag, dass wir in beiden Vorstellungen waren, ein Geburtstagstagsgeschenk. Er sagt, ein Event, an Ostern gebunden, mit wechselndem Datum. »Dies Jahr hatte ich Glück.« Er schaut dich an. Du

sagst Kluges zu der Vorstellung. An mich gewandt: »Du hast ja nicht so den Zugang zu klassischer Musik.« Und sprichst weiter ihm zugewandt. Ich bin geschockt. Dieser Satz zu mir vor ihm! Ein Knock out. Hinter Glas sehe ich euch miteinander sprechen, höre einzelne Worte, wie Bayreuth und Meistersinger. Ich bin stumm, gelähmt, auf schwankendem Boden, habe nichts zum Festhalten. Irgendwann wünscht er mir »noch alles Gute zum Geburtstag« und geht zu der Limousine, die auf ihn wartet. Du hast eine Bombe hochgehen lassen. Dir ist nichts anzumerken. In mir alles taub. Irgendwie setze ich Schritt vor Schritt, verstecke mich hinter einer Maske. Der Geburtstag schlagartig beendet. Am nächsten Morgen fährst du früh nach Hamburg.

25
Zwei Tage später rufst du an, wir reden Belangloses. Ich bin noch geschockt. Und wo bist du? Wann du wieder nach Berlin kommst, weißt du nicht.

26
Im Traum sehe ich dich die weiße Marmortreppe weiter emporgehen. Mitten auf der Treppe in einer endlosen Weite gehst du stetig höher, mit Pumps und Nylons im Etuirock. Unter dem Jackett ein blüten-weißes Oberhemd mit Krawatte und Windsorknoten. Die Haare kurz geschnitten, die Lippen blass. Weiter emporsteigend.

27

Samstagnachmittag treffe ich dich zufällig in der Nähe der Museumsinsel. Du bist übers Wochenende bei dem Kunsthistoriker. Ich lade dich ein in meine Wohnung am nächsten Tag nachmittags. Du kommst eine halbe Stunde verspätet. Sitzt mir gegenüber, meilenweit entfernt. Du redest, freundlich und belanglos. Über Fragen redest du butterweich hinweg. Du redest und redest. Deine Dominanz unakzeptabel.

28

Ich habe dich um die Ecke gebracht. Um eine, die du nicht vertrugst.

So wollte ich das nicht. Du hast mir nicht gesagt, dass du ein schwaches Herz hast. Ich konnte nicht wissen, dass du bei diesen harmlosen Tropfen so wegkippst. Ich wollte Ruhe vor deinen nichtssagenden Worten, dem Teppich über deinem Verrat.

Es lag kein roter Teppich. Von hinten sahst du aus wie ein Mann, auch mit Pumps. Ich habe sie dir angelassen, auch die Perlenkette. Niemand wird sie dir nehmen. Als ich dich mit Erde bedeckte, habe ich dafür gesorgt, dass deine Bluse über dem Wonderbra blütenweiß bleibt und dein Make-up makellos.

Dass du mich bei ihm so vorgeführt hast, war hässlich.

Der Schmutzengel
antje steinhäuser

Das erste Mal war es einfach über sie gekommen. Sie hatte es – spontan getan.

Es war an einem Freitagabend gewesen, spät, gegen Mitternacht.

Sie hatte an dem U-Bahnhof Schönhauser Allee gestanden, wohin sie von der Kulturbrauerei aus extra gegangen war, um die triste Eberswalder Straße zu meiden. Und gerade dachte sie darüber nach, dass man der Stadt diese Hochbahntrasse ins Gesicht gestellt hatte, weil man nicht in der Lage gewesen war, die darunter befindlichen Abwässerkanäle zu verlegen und eine unteririsch verlaufende Trasse zu graben. Alles hatte seine Grenzen. Die Menschen beschleunigten zwar irgendwelche unvorstellbar kleinen Teilchen in Resonatoren aus hochreinem Niob, stritten darüber, ob Saprolith als Regolith gelten sollte, wenn es um die Beschreibung von Sedimenten auf Himmelskörper-Oberflächen ging, und bauten intraartikuläre Gewebe aus Zellulose nach, aber so eine U-Bahn brachte sie ganz schnell an ihre Grenzen.

Dabei ist die Kanalisation das eigentliche Zeichen für menschliche Zivilisation. Sie ermöglicht es dem Menschen, an einem Ort zu bleiben und ihn nicht verlassen müssen, weil die Natur irgendwann damit überfordert ist, ihm seine Hinterlassenschaften vom

Hals zu schaffen. Und dann hat der Mensch sich also mal wieder selbst verdrängt und muss weichen, muss sich trollen und einen neuen Ort suchen, neue Gruben graben, bis auch die nicht mehr langen.

Sie hatten es also inzwischen zu einem Abwassersystem gebracht. Aber jetzt waren da überall diese Hochbahntrassen.

Lautes, dreckiges Dröhnen auf Stahl.

Die Nachtschwärmer, die Heimatlosen, die Ziellosen und die grauen Großstadtgesichter standen auf dem Hochbahnsteig herum, wie ausgestellt und emporgehoben, anstatt irgendwo in den Tiefen des Untergrunds in Röhren und Tunneln ihre Ziele zu suchen. Und sie sah sich um und dachte, dass so viele dieser Leute angestrengt und angeschlagen aussahen, verschlagen einige, abgelöscht und undurchsichtig, wieder andere trugen lichte Mienen zur Schau, lachten, wirkten leicht, wirkten tatsächlich zufrieden. Aber das hielt sie bei den meisten für Fassade. Das waren wahrscheinlich die, die irgendetwas taten, das vor einem Ethikgericht, das es natürlich gar nicht gab, keinen Bestand gehabt hätte: Gedankenlose, Finanzjongleure, Anwälte, die unredliches Volk vertraten; Geschäftsleute, die mit ihren Waren die Welt verstopften und zur Verpestung der Umwelt beitrugen; lauter junge Menschen, die sich um nichts Gedanken machten, allenfalls um ihr nächstes Ausgehvergnügen, die nächste Shoppingtour; Ignoranten, Fremdenhasser, Ängstliche, Unwissende. All die wichtigen und unwichtigen Politiker. All die Nachfolger unseliger Zeiten, deren Gedanken noch in den Straßen, in den Häusern, in den öffentlichen Gebäuden waberten.

Als sie gerade die wie aufgepumpt wirkenden, beinahe grotesk trainierten Oberarme eines jungen Mannes betrachtete, erkannte sie Jason Breitheimer. Sie hatte den selbstgerechten Psychologen und Befürworter freien Drogenkonsums seit über einem Jahr beunruhigt im Blick und ihn bei einigen Vorträgen erlebt und erst vor zwei Wochen bei einer Lesung in einer abgelegenen, von schwäbischen Säkularspiritualisten betriebenen Begegnungsbuchhandlung gesehen, als er sein neuestes Werk über die von ihm befürchtete, wachsende staatliche Bevormundung insbesondere der Jugend vorgestellt hatte. Ein aufdringlich engagierter Kleinverlag mit schaurigen Weltverbesserungsabsichten hatte ihm bereitwillig ein Forum geboten, wohl in der Annahme, etwas von der Aufmerksamkeit, die er bei einigen erregte, möge auf sein eigenes krudes Programm übergehen.

Solcherlei Vorgänge verfolgte sie mit Argwohn und Beunruhigung.

Breitheimers These lautete, dass die jungen Menschen in Zeiten globalisierter Bedrohung durch eine internationale Angebotspalette von Rauschmitteln aller Art durch Verbote den verantwortlichen Umgang mit dem, was der Schwarzmarkt zu bieten hatte, nicht lernen konnten. Nur wer Crystal Meth, Ecstasy, halluzinogene Pilze oder auch LSD und Heroin genommen und erlitten habe, könne sich dauerhaft davon lösen. Für alle anderen bliebe die Gefahr wie ein lauernder Jäger im Halbschatten des

Heranwachsens und Reifens. Zu wirklicher Reife könne derjenige gar nicht gelangen, dem man nicht gestatte, sich zu gefährden – um sich dann aber selbst zu retten.

Unerträglich hatte sie es gefunden, wie der Mann in seinem Sessel fläzte, die Beine demonstrativ entspannt von sich gestreckt, und mit unerträglich lässigen und hingeschlenzten Handbewegungen seine Ausführungen über den unsicheren Seelenkern der gefährdeten Jugendlichen untermalte. Die kritischen Nachfragen perlten an ihm ab wie Regentropfen am neoprenartigen Fell eines Riesenseeotters; die meisten waren ohnehin einfallslos und blass und ohne Durchschlagskraft geblieben.

Und es quälte sie der Gedanke, dass solche Ansätze, solche Worte sich rückschrittlich auswirken und manchen Dealern ein falsches As in den Ärmel spielen würden. Ewiggestrige würden in ihrem Bild von der verkommenen Welt bestätigt, die Gesellschaft insgesamt würde zurückgeworfen. Und wieder einmal, unerträglicherweise, würde es niemandem auffallen, was für ein Gift ständig einsickerte, wenn ständig irgendwer beliebigen Blödsinn verbreiten durfte.

Und Jason Breitheimer war ihr ganz besonders zuwider.

Wie er da auf dem Bahnsteig stand.

Verliebt in die eigene Nachdenklichkeit, scheinbar ganz in Gedanken versunken und dennoch offensichtlich davon ausgehend, dass der Umwelt einer wie er nicht entging. Berlin nutzte er wie eine

Kulisse, die ihn wichtiger, großstädtischer, weltläufiger, klüger wirken ließ. Eine Kulisse, die seinen unverantwortlichen Worten eine vermeintliche Präsenz gab, ein spezifisches Gewicht suggerierte, das seine Auslassungen nie gehabt hatten. Da stand er, einer von diesen aalartigen Gewäschschwätzern, die von all diesen modernen Veranstaltungen bestärkt wurden, diesen Runden und Diskussionspodien und Themenevents, die lauter Leuten ein Forum boten und ihnen Beachtung ermöglichte, die ihnen gar nicht zustand.

Dass sie langsam in seine Richtung gegangen war, wurde ihr erst klar, als sie bereits kaum noch zwei Meter von ihm entfernt stand.

War das ein Leinenanzug, den er da trug? Was für ein Stoff knitterte sonst so aufdringlich nebenbei? Klares Signal ans Establishment, dass da einer nicht mitmacht beim Bügeln und Glätten und Bedienen der Stromlinie.

Was er machte, war weit schlimmer, fand sie.

War das ein blumiges Aftershave, das da zu ihr herüberwallte? Ein launiger Wink und Hinweis an die Umwelt, dass er dem Schönen nicht abgeneigt sei, Wohlbefinden schätze, Ästhetik lebe?

Und dieser Fünf-Tage-Bart mit dem kaum merklichen Tizianschimmer. Dezentes Signal der Lässigkeit, weil einer wie er sich zwar mit höheren Themen beschäftigte, aber was sollte er machen, wenn er nun einmal auch ein attraktiver Mann war. Nein, fand er gewiss, das war keine Eitelkeit. Das war Naturell, Esprit, ein archaisches Relikt der Virilität.

Während sie noch einen Schritt näher an ihn herantrat, begannen die anderen Leute, sich Richtung Bahnsteigkante zu bewegen, weil der Zug nahte. Noch sah man ihn nicht; aber man hörte bereits das tiefe Rauschen, spürte das Beben des Bodens unter den Füßen.

Sie trat einen weiteren Schritt heran. Schob plötzlich ihre Schulter vor. Traf ihn am Rücken. Heftig.

Es war ein kraftvoller Schritt gewesen. Ein Schritt, hinter dem weit mehr steckte als die Absicht, sie den Türen, die sich nach dem Halten der Wagen für alle öffnen würden, näher zu bringen. Mehr Entschlossenheit. Eine dunkle Absicht. Die ihr selbst noch gar nicht bewusst geworden war.

Ein schriller Schrei. Seltsam hoch. Irgendwie weibisch. Von dem Mann im Leinenanzug. Der Schrei klingt nach Todesangst. Todesschrei.

Sie spürt nichts.

Keine Bestürzung.

Kein Mitleid.

Kein Gewissen.

Ein Kanon von Schreien bricht los. Andere Schreie. Voller Entsetzen und Fassungslosigkeit.

Gleichzeitig ein dumpfer Aufprall. Ein merkwürdiges Geräusch. Plump und satt. Ein Leinenanzug mit einem Menschen darin, der fortgerissen wird, wie ein viel zu schwerer Schmetterling, der sich viel zu schnell bewegt. Ein monströser Schmetterling, der seinen Weg verloren hat.

Ein Ikarus, den die stählerne dröhnende Sonne verbrennt, zermalmt.
Ob Ikarus gern ein Engel gewesen wäre?
Ob Ikarus sich einen Engel gewünscht hätte?

Sie hätte sich einen Engel gewünscht. Einen wunderschönen weißen Engel, fein und zart und zugleich unendlich stark. Einen Engel, dessen Weißheit von Glitzerstaub und Silberfunkeln und Edelsteinglimmen begleitet ist, einen Engel, dessen Flügel sie überallhin tragen, der präsent ist, der mächtig ist, der klug ist, der nur Gutes für sie will, der niemals fehlt, der immer wacht, der sie beschützt, der heranschwebt, der von einem Schimmern und einer heilbringenden Wolke umgeben ist.
Aber es gab keinen Engel in ihrem Leben.
Einen Schutzengel gab es nicht.
Einen Schmutzengel schon.
So viele Schmutzengel.
Schmutzengel gibt es.
Verdammt.
Verdammt soll alles sein.

Was für ein Tumult. Unfassbar. Unerträglich. Ehe sie begriffen hatte, was geschehen war, hatte sie sich schon auf und davon gemacht.

Es war wie ein geheimes Rezept, das ihr eine dunkle Macht anvertraut hatte.

Über die Unerträglichen kommen wie ein Schicksalsschlag.

So kannst du es machen mit denen, die du nicht ertragen kannst, nicht länger ertragen willst.

Erbarmungslos.

Als würde sich eine Sucht ihrer bemächtigen.

Ein Schmutzengel sein.

Ein Engel muss sich nicht rechtfertigen. Er breitet seine Flügel aus, und es ist allein seine Entscheidung, über wen er sie breitet. Und es muss nichts Gutes heißen, wenn ein Engel dich im Visier hat, um alsbald seine Schwingen über dir herabzusenken. Diese Erfahrung hatte sie gemacht. Engel können auch Dunkelheit bringen.

In den Tagen nach dem nächtlichen Vorfall auf der Hochbahntrasse verspürte sie eine seltsame Euphorie.

Sie dachte an den Engel, den wunderschönen weißen Engel, stellte sich vor, dass er auf den Dächern der Häuser und Brücken und Hallen sitzen und sie beobachten würde. Aber sie vermisste ihn nicht mehr. Ihr verzweifeltes Wünschen hatte nachgelassen.

Sie nahm die Sache selbst in die Hand.

Wenn der Engel nichts tat, würde sie selbst aktiv werden. Dann würde sie selbst stark sein, selbst für Glitzerstaub und Silberfunkeln und Edelsteinglimmen sorgen.

Selbst.

Und sie begann nachzudenken.

Über den nächsten.

Was mit Jason Breitheimer geschehen war, war ihr eher passiert als dass sie es getan hätte. Das war eine

Regung gewesen, die sich ihrer bemächtigt hatte, ehe sie darüber hatte nachdenken können.

Jetzt schwieg er für immer. Und das war kein Verlust.

Warum nicht auch andere zum Schweigen bringen.

Gunther W. Hänsel war bekannt dafür, dass er die Gentrifizierung in Lichtenberg und Pankow geradezu erbarmungslos vorantrieb. Mit dem Geschick des Geschäftsmannes und der Erfahrung vieler Jahre. Was ihn stark machte, war die Freude, die es ihm bereitete, aus Häusern mit grauer Fassade die alten gebrechlichen Mieter herauszuholen und durch strahlende Erfolgsprogramme zu ersetzen. In Interviews äußerte er sich unbeugsam und siegesgewiss. Soziale Sicherungssysteme seien nicht sein Part. Seine Begabung läge woanders. Wer der Ansicht sei, vor ihm müssten Alte, Schwache, Minderbemittelte geschützt werden – bitteschön. Er selbst hingegen beglückwünsche sich jeden Abend mit einem besonders feinen Glas edlen Rotweins zu den gelungenen Geschäften des Tages.

Sie war erstaunt, wie leicht es gegangen war. Der Umstand, dass Gunther W. Hänsel gern Altbierbowle trank, dieses zuckrige Gesöff, hatte ihr zugespielt. Der Beigeschmack des Parathion, besser bekannt unter der Bezeichnung E 605, das sie in den alten Kellerbeständen einer Nachbarin gefunden hatte, wurde davon überdeckt. Sie hatte mehrmals beobachtet, dass Hänsel meist noch einige Löffel Fruchtsirup extra in sein Glas rühren ließ. Parathion blockierte irgendein Enzym, ohne jede Chance, diese Blockade durch ein Gegengift wieder aufzuheben. Der Körper beginnt verrücktzuspielen, die Muskeln zucken, der Kopf dröhnt, der Verdauungstrakt gerät in Aufruhr, der Magen auch, die Schweißausbrüche merkt man schon gar nicht mehr, besonders, wenn die Krämpfe beginnen und das Atmen immer schwerer wird. Was eigentlich Insekten vernichten soll, hat die Qualitäten eines chemischen Kampfstoffes.

Es war ihr also gelungen, im Vorübergehen im Halbdunkel des rustikal anmutenden Bierlokals wenige Tropfen in sein Glas zu schütten, als sie, scheinbar interessiert, nach der in der Mitte des Tisches liegenden Karte gegriffen hatte. Die Herren hatten alle eh nicht mehr genau hingeguckt. Es war nicht die erste Altbierbowle. Ein paar leere Schnapsgläser standen auch auf dem Tisch.

Sie trat zurück.

An Hänsels Tisch wurde es kurz darauf unruhig. Ein schreckliches Röcheln drang durch den Raum. Die anderen Gäste begannen sich umzudrehen. Augen weiteten sich entsetzt, als Hänsel, von plötzlichen Krämpfen herumgeworfen, von seinem Stuhl fiel.

Sie hätte sich einen Engel gewünscht. Einen kraftvollen schwarzen Engel, wild und feurig und zugleich unendlich einfühlsam. Einen Engel, dessen Schwärze von Diamantglänzen und Kohlrabenglühen und Finsternisleuchten begleitet ist, einen Engel, dessen

Flügel sie überallhin tragen, der präsent ist, der mächtig ist, der klug ist, der nur Gutes für sie will, der niemals fehlt, der immer wacht, der sie beschützt, der heranrauscht, der von einem Lodern und einer tosenden Vitalität umgeben ist.

Aber es gab keinen Engel in ihrem Leben.

Einen Schutzengel gab es nicht.

Einen Schmutzengel schon.

So viele Schmutzengel.

Schmutzengel gibt es.

Verdammt.

Verdammt soll alles sein.

Schwarze Schwingen streiften durch den Raum. Ihr war, als wehte ein kalter Hauch in ihrem Nacken, zwischen den hölzernen Bänken und den dunklen Tischen mit den dicken Eichenplatten entlang, als werde die Luft bleiern und schwer. Diese enormen Schwingen, groß wie Flügeltüren, streiften an Rücken und Armen und Gesichtern entlang, als suchten sie jemanden.

Sie wusste, wen sie suchten.

Sie fanden ihn.

Sie wusste, dass es ein schrecklicher Todeskampf werden würde, laut und unsauber.

Der schwarze Engel flog finsternisleuchtend davon. Schwarzer Diamantstaub fiel auf ihre Seele.

Wie leicht das war.

Wie leicht es war, ein wenig aufzuräumen.

Sie verließ die Bar.

Der Schmutzengel flog davon.

Im Berliner Abgeordnetenhaus saß einer, das hatte sie in Erfahrung gebracht, der im Hintergrund mithalf, aus öffentlichen Projekten eine Hanswurstiade zu machen. Einer, der regelmäßig hübsche Sümmchen einstrich, von lauter neuen Freunden, Hauptsache, er konnte ihnen dienlich sein mit kleinen Weichenstellungen, Einflussnahmen, Manipulationen. Darunter nichts, was einer guten Sache oder einem sinnvollen Zweck zuträglich gewesen wäre, im Gegenteil. Dass diese finanziell ohnehin abgehalfterte Stadt auch noch zum Gespött der ganzen Welt wurde, dass sie sich hinter brüchigen Sprüchen wie »arm aber sexy« verbergen musste, hatte sie nicht zuletzt Männern wie Eberhard Fex zu verdanken, dachte sie wütend.

Die Sauna in seinem Keller war sein ganzer Stolz. Er erwähnte sie oft und ungefragt. Wer ihn auf irgendwelchen volksnahen Veranstaltungen erlebt hatte, wo er zu viel Bier trank und noch jovialer und redseliger wurde, als er ohnehin war, konnte kaum anders, als Bescheid zu wissen: Darüber, dass er sie selbst gebaut und eingerichtet hatte, dass er Limone als Aufgussaroma bevorzugte, dass er eine ganz eigene Inhalationstechnik entwickelt hatte, um das Dufterleben zu steigern, dass er ein eigens aus Finnland bestelltes Wacheltuch besitze, dass er den hölzernen Aufgusslöffel stets Löylykelle nenne, weil ein bisschen authentisches Vokabular zu Nutzen und Wirkung einer Sache beitrage, dass er auch die reinigende Wirkung eines Mineralsalzpeelings gelegentlich schätzte und zudem gern einen Saunahut aus Filz trage. Und das am liebsten jeden Freitag, wenn eine volle Woche im Dienste der Stadt hinter ihm lag und Entspannung nottat, gerade bei einem wie ihm, der an leichtem Asthma litt.

Es war gar nicht schwer, über ein Kellerfenster am späten Donnerstagabend in das Haus einzusteigen und unter der Saunabank die flache Schale zu platzieren. Sie war fast randvoll mit hochkonzentriertem, synthetischem Menthol-Duftöl und überzogen mit einer hauchdünnen Wachsschicht, damit der Geruch sie nicht verriet. Als Fex am Freitag wie gewohnt seinen verdienten Saunagang machte, dauerte es nicht lange, bis das Wachs schmolz und ätzende Ausdünstungen des für Asthmatiker schwer erträglichen, in erhitztem Zustand umso schädlicheren Menthol-Öl-Gemischs ihm die Sinne vernebelten. Ihm war zunächst seltsam zumute, als trage ihn etwas Großes von der hölzernen Bank empor, als schaukele ihn etwas Starkes auf kraftvollen Schwingen, als erfülle ein goldener Schwadenwirbel den kleinen Raum. Als er merkte, dass ihm elendiglich schlecht und der Hals eng wurde, war er bereits zu schwach, um aufzustehen.

Sie hätte sich einen Engel gewünscht. Einen stolzen goldenen Engel, schwer und wertvoll und zugleich unendlich filigran. Einen Engel, dessen Gold von güldenem Licht und Metallgleißen und Strahlenschein begleitet ist, einen Engel, dessen Flügel sie überallhin tragen, der präsent ist, der mächtig ist, der klug ist, der nur Gutes für sie will, der niemals fehlt, der immer wacht, der sie beschützt, der heranschwebt, der von einer Prunkglorie und einer lumineszenten Korona umgeben ist.

Aber es gab keinen Engel in ihrem Leben.

Einen Schutzengel gab es nicht.

Einen Schmutzengel schon.

So viele Schmutzengel.

Schmutzengel gibt es.

Verdammt.

Verdammt soll alles sein.

Sie hörte von seinem Tod in den Nachrichten. Es war eine gewittrige Nacht. Ein Sturm tobte über ihrer Stadt.

Wieder einer. Einer weniger.

Es zog sie hinaus. Den nächsten suchen. Es gab immer einen nächsten. Vielleicht den Mädchenhändler? Oder den Tierquäler? Oder den falschen Arzt? Welcher darf es sein? Von wem soll die Stadt befreit werden?

Als hätte sie einen Wunsch frei.

Sie hatte das Gefühl, sich beeilen zu müssen.

Man suchte ja längst nach ihr. Nach der unbekannten Person, die Jason Breitheimer vor den heranrasenden Zug gestoßen hatte. Nach der unbekannten Person, die Gunther W. Hänsel Gift in seine Altbierbowle geschüttet hatte. Nach der unbekannten Person, die Eberhard Fex' Sauna derart präpariert hatte, dass er darin keinen gesunden Atemzug mehr hatte tun können.

Aber sie hatte doch noch einen Engel, einen Engel, den sie sich immer so sehr gewünscht hatte.

Hatte sie nicht noch einen Wunsch frei?

Der Sturm zerrte an ihrem Mantel, machte es ihr schwer, geradeaus zu gehen.

Der Engel war wunderschön, kraftvoll und stolz.

Es war der steinerne Engel. Der größte von allen.

Sie war nicht sicher, ob sie nicht den falschen Weg eingeschlagen hatte.

Den steinernen Engel umgab kein Silberfunkeln, kein Kohlrabenglühen, kein Strahlenschein.

Sie musste wissen, wo sie war, sie kannte sich hier aus. Aber der Weg schien ihr nicht der richtige zu sein. Es sah falsch aus, anders als sie es kannte.

Der steinerne Engel war nicht bereit, seine Flügel für sie auszubreiten und sie überallhin zu tragen.

Sie sah sich hilflos um.

Der steinerne Engel war der präsenteste, der mächtigste, der klügste von allen. Aber wollte er nur Gutes für sie?

Sie hörte ein merkwürdiges Geräusch.

Wachte er über sie? Beschützte er sie?

War das ein steinernes Schleifen? Konnte Granit rauschen? Konnte Marmor wehen? Konnte Sandstein heranschweben?

Da war kein Schimmern, kein Lodern, keine Glorie.

Ihr war kalt.

Da war auch keine heilbringende Wolke, die sie umfing, keine Vitalität, keine lumineszente Korona.

Da war Kälte.

Es gab keinen Engel in ihrem Leben.

Einen Schutzengel gab es nicht.
Einen Schmutzengel schon.
So viele Schmutzengel.
Ja, Schmutzengel gibt es.
Verdammt.
Verdammt soll alles sein.

Er begegnete ihr mit steinernem Blick.

Lehmann wohnt hier noch

beate kemer

Es ist Lehmanns Wohnung. Ich werde das Gefühl einfach nicht los. Obwohl ich jetzt im Mietvertrag stehe. Immer wieder nehme ich den Ordner heraus und vergewissere mich. Ich sehe meine Unterschrift und versuche zu denken, Glück gehabt. Weil es ja auch stimmt. Nachdem Lehmann verschwunden war, hat der Vermieter bei mir angerufen. Nur auf mein Schreiben hin, Jahre liegt das zurück. „Falls die Nachbarwohnung frei wird ..." Das Telefon hat geklingelt und ich höre: Haben Sie noch Interesse? Ganz ohne Not der Anruf. Jetzt nach der Wende stehen die Bewerber Schlange. Und dann nur hundertfünfzig D-Mark. Vielleicht hätte ich stutzig werden sollen. Hört sich unglaublich wenig an. Aber so wenig ist es auch wieder nicht, fand ich. Für diese Wohnung. Ich sage nur Silbersteinstraße. Bei den meisten klingelt da was. Richtig, vor Kurzem ist wieder ein Mord passiert. Zwei Häuser weiter. Ein Abrisshaus, eine lag tot in der Badewanne. Zu viele Drogen. Von Vergewaltigungen steht auch immer wieder was in der Zeitung. Na gut, schön ist das nicht, aber als Mann bin ich da nicht so betroffen. Soweit zur Silbersteinstraße. Das ist aber noch nicht alles, was man zur Miete wissen muss. Zweiter Hinterhof Seitenflügel. Die Sonne macht sich rar. Der Hof schluckt das ganze Licht. Im Winter ist es dunkel in der Wohnung, in beiden Wohnungen genauer gesagt. Obwohl sie im zweiten OG liegen. OG. Habe ich auch erst gelernt, als ich aus Westdeutschland hergezogen bin. Etage sagt man bei uns, nicht Obergeschoss. Hängt vielleicht mit den Franzosen zusammen. Bei Preußens heißt das Obergeschoss. Zwei Einzimmerwohnungen also, jeweils mit Küche und kleinem Flur. Und weiter? Ich kann die Frage richtig hören. Nichts weiter. Lokus auf der halben Treppe. Wir werden wohl die letzten in Berlin sein, die in dieser komfortfreien Zone wohnen, so wie das Haus aussieht. Der Putz blättert, das Linoleum auf den Treppenstufen ist durchgetreten, zahllose Ein- und Auszüge haben den Hausflur zerfurcht. Und dass niemand denkt, jede Wohnung hätte ihr Klo. Lehmann und ich haben uns eins geteilt. Immer zwei Wohnungen, ein Klo. Jetzt gehört mir eins allein. Richtig verbessert hat sich die Situation dadurch allerdings nicht. Reinlich ist Lehmann nämlich gewesen. Das Örtchen habe ich immer tipptopp vorgefunden. Einmal hat Lehmann sogar die Klobürste erneuert. Zugegeben, Sauberkeit fällt hier leicht. Donnerstags lappt der Hauswart durch Hausflur und Klos. Ist ganz fremd für mich gewesen zu Anfang in Berlin. Keine Flurwoche mehr wie damals in Duisburg. In der schlimmsten Bruchbude kriecht dafür der Hauswart herum. Bei uns immer tagsüber. Denn, man kann es glauben oder nicht: Es gibt im Örtchen keinen Strom. Was bedeutet, nachts mit der Kerze raus müssen. Der Wasserkasten ist an der Innenwand angebracht, damit er nicht einfriert. Was sonst ganz schnell passierte. Zweiundzwanzig Grad minus. Tageshöchsttemperatur. Mein erster Winter in Berlin. Die Kälte hier hat mich umgehauen. In Duisburg bleibt der Schnee immer nur ein paar Stunden liegen. In Gummistiefeln quält man sich durch halb gefrorenes Wasser. Wenn es in Berlin schneit, ist das ganz anders. Ich öffne die Haustür. Es ist richtig hell. Sogar im Hinterhof. Der Schnee gibt unter den Schuhen nach und lässt sich von den Ärmeln wegblasen. Die Luft ist gläsern und im ersten Moment spüre ich die Kälte nicht. Ich glaube, im Pulli spazieren gehen zu können. Aber an der Klinke zur Hoftür des Quergebäudes ahne ich schon, was es heißt, erfrieren zu müssen. Nach ungefähr acht Metern. Manchmal habe ich einen Ball aus Schnee geformt, wenn Lehmann die Straße entlanggekommen ist. Ich hab den Schneeball hochgeworfen und dagegengetreten, Richtung Lehmann. Ist es gut gelaufen, haben wir ein paar Mal hin und her gespielt, gefangen, getreten, egal. Wenn ich ihn nicht fest genug gedrückt habe, ist der Schneeball auf dem Fuß zersprungen. Pulverschnee eben. Daran bin ich nicht gewöhnt gewesen. Lehmann schon. Sein Ball hat sich nie in Schneestaub verwandelt. Ich glaube, Lehmann ist von hier gewesen. Jedenfalls hat er ordentlich berlinert. Ganz stark hab ich das bei ihm empfunden, wobei in Neukölln nicht gerade Hochdeutsch gesprochen wird. Wenn wir uns getroffen haben, im Treppenhaus, an der Klotür, hab ich auf seine Sprüche richtig gewartet. Läuft es? Jut, ick könnt ma selbst besteijen. Mehr ist aber nicht draus geworden, außer dem Schneefußballspiel natürlich. Einmal sind wir gleichzeitig am Hermannplatz aus der U-Bahn gestiegen und ich hab ihn noch auf ein Bier eingeladen. Ins Corner. Nee, lass ma. Zu mir. Ick muss früh raus. Dabei hat Lehmann gar nichts gemusst. Getroffen hab ich ihn zu jeder Tageszeit. Mit festen Arbeitszeiten muss ich mich nicht rumschlagen. Ich schreibe für eine Stadtteilzeitung. Damit halte ich mich einigermaßen über Wasser und kann mich sogar Journalist nennen. Schreibe zu Hause auf meiner Elektrischen und bring den Kram dann irgendwann weg. In Lehmanns Tag scheint auch niemand reingefunkt zu haben. Nie habe ich einen festen Takt schlagen hören. Wovon Lehmann gelebt hat, ist geheime Verschlussache gewesen. Ick brauch nich vülle. Damit hat er das Thema erledigt. Herumgebohrt habe ich nicht. Das hätte zu unserem Verhältnis nicht gepasst. Eine Verbindlichkeit hat sich da nicht eingeschlichen. Alles ganz entspannt. Nicht ein einziges Mal hat Lehmann mich gefragt, ob ich den Briefkasten für ihn leere. Kein Mal in drei Jahren. Der Briefkasten gilt als die große Errungenschaft im Haus. Ein zweifelhafter Vorzug, wie ich finde. Als ich eingezogen bin, wurde die Post noch durch den Briefschlitz in der Wohnungstür geworfen. Irgendwann hat der Vermieter die Metallklappen an den Wohnungstüren verschrauben lassen und unten im Hausflur haben sich die Kästen breitgemacht. Billiges Zeug, praktisch Silberpapier. Dementsprechend werden sie dauernd aufgebogen. Die Post ist verschwunden. Oder die Tageszeitung wird oben rausgezogen. Ich kaufe meine jetzt am Kiosk. Lehmann und sein Briefkasten, das ist ein Thema für sich. Post bekommt ja jeder, ob er will oder nicht. Der Kasten schluckt den ganzen Mist, bis der Inhalt oben wieder herauskommt. Aber Lehmann hat schlankweg behauptet, ick krieje keene Post. Wie kann man keine Post bekommen? Dann gibt es einen doch irgendwie gar nicht. Egal, Lehmann gab es ja. Und immer mal wieder hat sich der Kasten auch gefüllt. Insofern ist sein Satz letztlich falsch gewesen. Manchmal hab ich eine Weile nichts aus der Nachbarwohnung gehört, alles totenstill. Er wird wohl weg gewesen sein. Ganz sicher hab ich mir aber nicht sein können, Lehmann hat sich wirklich ruhig verhalten. Keine Musik gehört, ganz leise telefoniert. Jedenfalls hab ich auf die Reaktion des Briefkastens gewartet, wenn nebenan Sendepause war. Kurz vor dem Explodieren ist der Briefkasten jedes Mal plötzlich geleert gewesen. Obwohl die Nachbarwohnung immer noch keinen Laut von sich gegeben hat. Ich hab sogar das Ohr an die Wand gepresst. Der Hauswart hat auf meine Frage nur abgewinkt und mit dem Kopf zum Vorderhaus gedeutet. Da wohnt der Vermieter. Der hat den Kopf geschüttelt. Da könne er sich ja ranhalten. Vorderhaus, Seitenflügel, Quergebäude, Seitenflügel. Also die Briefkästen - wirklich nicht. Solange die Miete komme, interessiere ihn doch die Post nicht. Was mir noch aufgefallen ist: Wenn Lehmann nicht da war, hat nie sein Telefon geklingelt. Ganz bestimmt nicht, ich hab mich richtig darauf konzentriert, einen Zettel bereitgelegt, um mir die Zeiten aufzuschreiben. Der

Zettel ist weiß geblieben. Dass Lehmann mich nicht wegen Blumengießen gefragt hat, versteht sich von selbst. Das hätte zu ihm nicht gepasst. Ich habe riesige Pflanzen, so wie eigentlich fast alle, die ich kenne, nicht nur die Frauen, aber Lehmann, der bestimmt nicht. Wobei es mir schwerfällt zu erklären, was daran falsch gewesen wäre. Vielleicht hat zu Lehmann gar nichts gepasst. Alles an ihm war undefinierbar. Wir werden so grob ein Alter sein, er kann aber auch schon die Vierzig schrammen. Und sein Beruf. Wie gesagt, unbekannt. Er konnte Inspektor sein oder U-Bahnfahrer oder Zahnarzt oder sonst was. Nichts hätte einen gewundert. Mit verstrubbelten Haaren statt nach hinten gekämmten und einem Palästinenserschal wäre der sogar als Streetworker durchgegangen. Selbst mit seinen Klamotten. Seine Hosen waren aus Stoff, Jeans habe ich an ihm nie gesehen, und wenn es nicht eiskalt oder kochendheiß war, ist er in seiner Lederjacke herumgelaufen. Hüftlang, mehr wie ein Sakko geschnitten, die Farbe unentschieden, eine Art braun, so hat die ausgesehen. Eins hat mich richtig umgehauen, als ich Lehmanns Wohnung zum ersten Mal betreten habe, diese Jacke hat über dem Sessel gehangen. Obwohl sie mit ihm praktisch verwachsen war. Der Vermieter hat neben mir gestanden, irgendwas von nicht geräumt gemurmelt. Lehmann hatte ihm wohl kommentarlos die Schlüssel in den Briefkasten geworfen. Mir ist es egal gewesen, geräumt oder nicht geräumt. Viel hat nicht drin gestanden in Lehmanns Wohnung. Ein großes Sofa, Tisch davor, ein Sessel, der mit der Lederjacke. Dann ist zwischen zwei Nägeln noch eine Wäscheleine gespannt gewesen. Ein paar Bügel haben dran gebaumelt. In der Küche ein alter Kühlschrank, ein Klapptisch, ein Stuhl, ein Regal. Das war´s. Für mich ohne jedes Problem zu entsorgen. Hundertfünfzig. Als die Zahl fiel, hab ich sofort in Ordnung gesagt. Zweihundertsechzig für beide Wohnungen, das lässt sich zusammenkratzen. Wohnraum auf Zuwachs, falls es mit mir eine doch länger aushalten will. Und ich mit ihr. Mädels übrigens hat man bei Lehmann nie gesehen. Ich hab schon gedacht, er interessiert sich vielleicht für was anderes. Aber er hat gar keinen Besuch bekommen. Nicht Weiblein, nicht Männlein. Vielleicht hat er eine Freundin, wo er oft ist. So hab ich spekuliert. Richtig geglaubt hab ich das aber auch nicht.

Jedenfalls ist er plötzlich weg gewesen. Einfach so. Kein Wort, kein Gruß. Die Klamotten zurückgelassen. Muss abgehauen sein mit einem Koffer, klammheimlich. Etwas ratlos hab ich auf die Schlüssel in meiner Hand geguckt, die mir der Vermieter weitergereicht hat wie heiße Kartoffeln. Den Mietvertrag in der anderen Hand, hab ich erst mal wieder rumgeschlossen. Aus Gewohnheit, zu klauen gab es ja nichts. In der ersten Nacht hab ich plötzlich Licht gesehen unter Lehmanns Wohnungstür. Ich hab rausgemusst, hoffentlich bürgert sich das nicht schon ein, und hab den hellen Streifen gesehen. Vielleicht haben wir Licht angelassen, der Vermieter und ich, das ist mir durch den Kopf geschwirrt, aber der Flur war so kalt, ich hab die Begehung auf den nächsten Morgen verschoben.

Es wird bald Dezember. Am nächsten Morgen bin ich kontrollieren gegangen. Kein Licht an. Vielleicht hatte sich ja Mondlicht unter der Tür durchgeschlichen. Ich hab das abgetan. Was soll's. In der zweiten Nacht dann ein leises Bohren. So ein klopfendes, wie das von Holzböcken. Ich bin aufgestanden und hab vor der Wand gestanden, die die beiden Flure trennt. Im selben Moment ist das Geräusch weggewesen – ausgeknipst. Lächerlich wäre ich mir vorgekommen, mitten in der Nacht in Lehmanns eiskalte Wohnung zu gehen. Ich bin wieder in mein Bett gekrochen. Bei mir ist es warm. Ich habe eine Gasetagenheizung, selbst eingebaut, von meinem kleinen Erbe. Lehmanns Wohnung ist noch ofenbeheizt. Ein Ofen an der Wand zur Küche, natürlich schon eine Weile unbefeuert. Die Grabeskälte in Lehmanns Wohnung hält mich auch davon ab, jetzt den Durchbruch zu machen. Das kann warten, bis ich wieder etwas Geld zusammen habe und dort auch Heizung reinlegen kann. Warten. Hab ich gedacht. Am nächsten Morgen ist der Kasten weg. Ich bin mir sicher, da hat ein grauer Kasten in Lehmanns Stube gestanden. Eine Art Handwerkskasten. Zwischen Sessel und Couch. Ganz bestimmt. Oder nicht? Vielleicht hat der dem Vermieter gehört. Aber er hat mir doch beide Schlüssel gegeben. Dürfen Vermieter einfach Schlüssel behalten? Wahrscheinlich nicht, deshalb wird fragen zwecklos sein. Ich nehme zum ersten Mal den Mietvertrag aus dem Ordner. Ich stehe drin, nicht Lehmann. Schwarz auf weiß. Trotzdem. Lehmann wohnt hier noch. Er hält seine Wohnung besetzt.

Ich muss sie erobern. Die Kälte wird mich nicht hindern. Ich klopfe gegen die gemeinsame Flurwand. Es klingt hohl. Zwei Rigipsplatten entfernen, mehr Bauerei scheint nicht erforderlich zu sein, um den Durchbruch herzustellen. Die Wohnungen haben wohl mal zusammengehört. Am nächsten Tag reiße ich die Raufaser herunter. Zuerst auf meiner Seite des Flurs, als würde ich gegen meinen Willen auf Lehmann Rücksicht nehmen. Die paar Kreuzschrauben lassen sich leicht herausdrehen. Einen passenden Schraubenzieher hab ich, auf Lehmanns Kasten bin ich nicht angewiesen. Hinter der Platte die Tür. Noch heil, bloß stark vergilbt und natürlich ohne Beschläge. Dann muss ich über den Hausflur zu Lehmann. Die Wohnungstür ist nicht abgeschlossen. Hab ich das vergessen? Glaube ich nicht. Wenn der Durchbruch da ist, werde ich Lehmanns Wohnungstür verrammeln und von innen mit einem Regal blockieren. Dann ist Schluss hier. Die Schrauben auf Lehmanns Seite widersetzen sich. Immer mehr vermurksen die Schlitze. Lehmann, glaub nicht, ich lass dir die Wohnung. Ich hole einen Kuhfuß von nebenan. Stemme Lehmanns Gipsplatte vom Türrahmen ab. Das Holz splittert, der Gips staubt, nichts hält mich ab. Ich tobe gegen die Schrauben an und schwitze trotz der Kälte. Endlich sehe ich die Verbindungstür. Es gibt sie wirklich. Aber sie ist abgeschlossen. Die Wohnungen bleiben getrennt. In meinen Türen stecken keine Schlüssel, die ich probieren könnte, der Krieg, was weiß ich. Ich muss die Verbindungstür aufbrechen. Bin ich verrückt? Wieso aufbrechen. Der Trödler auf der Ecke wird jede Menge Schlüssel haben. Da werde ich mir einen Satz besorgen. Ich sehe an mir herunter, völlig verdreckt bin ich. Ein Wannenbad ist fällig, aber zuerst müssen die Wohnungen verbunden sein. Und vier Mark für eine Dreiviertelstunde im heißen Wasser sind auch kein Pappenstiel. Also wasche ich mir die Haare in der Spüle. Der Durchlauferhitzer kann sich mal wieder nicht zwischen kalt und heiß entscheiden, der Staub wird nicht ganz abgehen. Als ich mir die Haare trocken reibe, fällt mir Lehmanns Jacke ein. Vielleicht muss ich die wegwerfen. Sie ist ein Teil von Lehmann. Ich gehe noch mal rüber zu ihm und schnappe mir die Jacke. Etwas fällt heraus. Ein Taschenmesser. Es könnte ein Schweizer Messer sein, nur ist es irgendwie leichter. Ich drehe das Messer um, die Aufschrift ist kaum zu lesen. VEB Sesta. Ganz klein ist das ins Plastik graviert. Auf dem Weg zum Trödler klingele ich bei dem Vermieter und halte ihm das Messer hin. Er holt seine Brille und sagt, von drüben. Kann man so ein Messer wohl vom Zwangsumtausch kaufen, frage ich und als Antwort kommt ein Blick, der sagt, bist du bescheuert. Ich renne zurück in die Wohnung, vielleicht finde ich in Lehmanns Jacke noch einen Hinweis. Sie wegzuwerfen hab ich nicht geschafft. Ist ja aus Leder, immerhin. Ich schließe auf, öffne die Tür, betrete die Stube - die Jacke ist verschwunden. Ich lehne mich gegen die Tür. Denke, ganz langsam, alles noch mal von vorn. Die Jacke, das Messer, die Jacke – Ich hab sie fallen lassen, auf den Sessel zurück. Hab sie nicht mit zu mir genommen. Sicher nicht. Lehmann womöglich noch importieren, das fehlte gerade noch. Ich werfe einen Blick in die Küche, niemand da. Ich überwinde mich und gehe auf die Knie, schaue unter das Sofa. Nichts. Da sehe ich das Bonbonpapier. Es knüllt vor dem Sessel herum, der Lehmanns Jacke gehört hat. Das lag da vorher nicht. Von der Tür aus hätte ich es sehen müssen. Ich krieche zu Lehmanns grünem Telefon, hebe ab, jemand sagt Hallo, ohne dass ich gewählt hätte. Ich lass den Hörer fallen, reiße den Stecker aus der Wand. Auf allen vieren krieche ich zum Sofa zurück. Ich stemme mich hoch, bleibe drauf sitzen, trotz der Kälte. Lehmann, Mensch, wir hatten doch friedliche Zeiten miteinander. Lass mich doch in Ruhe. Ich lehne den Kopf zurück. Fast hätte ich geweint, um mich oder um Lehmann. Der hier noch wohnt, aber auch nicht mehr. Den ich vermisse und gleichzeitig loswerden will. So was strengt an. Jetzt klappert etwas. An Lehmanns Wohnungstür. Ganz leise schleiche ich hin. Ich schaue durch den Türspion. Lehmann hat einen, als einziger im Haus. Ich drücke mein rechtes Auge gegen das Guckloch. Da steht er. Verzerrt, ja, aber so sind Spione eben. Ich sehe ihn auch nur von hinten, aber die Haare und das Braune, das er anhat, das muss die Lederjacke sein. Er ist wieder da. Ich wusste es, Lehmann wohnt hier noch. Aber rein kommt er nicht.

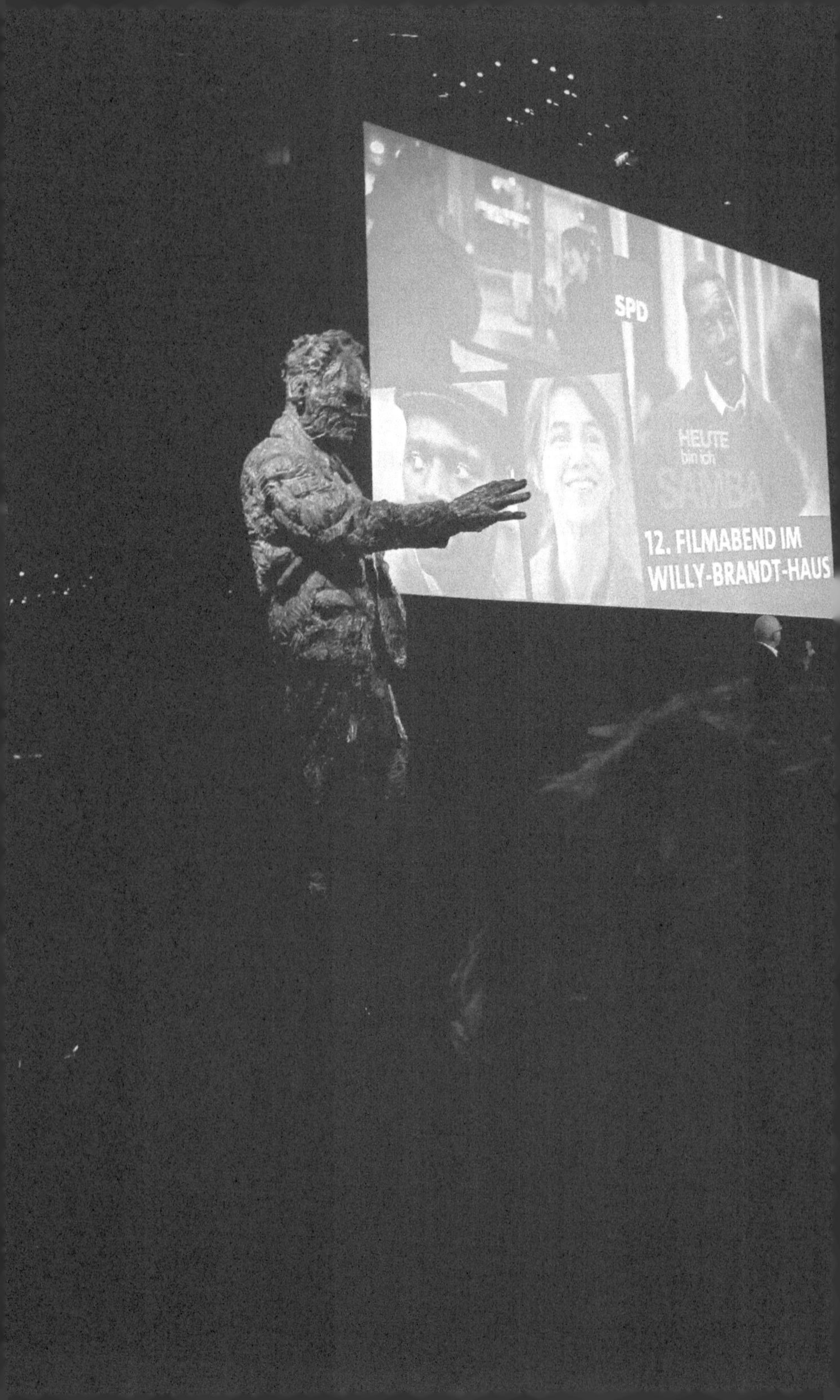
SPD
HEUTE
bin ich
SAMBA
12. FILMABEND IM
WILLY-BRANDT-HAUS

Edathys dunkler Engel

nicole joens

Der *Seraph, der sich in Erwartung der Erhebung in den nächsthöheren Engelsrang selbst Sebastian genannt hatte, seufzte kummervoll. Seit über hundert Jahren war es ihm gelungen, sich vor seinen Aufgaben in Berlin erfolgreich zu drücken. Jetzt war es mit selbst gewählter Träg- und Feigheit vorbei. Nein, er durfte es nicht Strafe nennen. Seine Rückkehr nach Berlin war auch kein Vorschlag. Wie hätte er als ein im Rang niedrigerer Seraph widersprechen sollen? Metatron, dem Höchsten, waren alle Seraphim seit Anbeginn der Zeit unterstellt. Und so hatte er nun entschieden: Sebastian durfte nur drei Buchstaben seines Namens behalten – bis er in Berlin Gutes bewirkt haben würde. Vom Sebastian auf einen Seb reduziert. Das schmerzte. Die Abreise aus dem Inselparadies ebenfalls. Der zum Seb degradierte Engel starrte traurig auf das Gedicht in seiner Hand. Die Worte seines Lieblingsdichters Rilke wurden ihm einst von Hannah vorgelesen, weil sie dachte, dass der Name Sebastian zu ihm passte:*

> *… Und die Pfeile kommen: jetzt und jetzt, und als spröngen sie aus seinen Lenden, eisern bebend mit den freien Enden. Doch er lächelt dunkel, unverletzt …*

Oh ja, Seb würde sich seinen vollen Namen in Berlin zurückerobern …

Februar 2015, Berlin-Tiergarten

Der Seraph Seb zögerte kurz, bevor er den unruhig Schlafenden, der seinen Kopf immer wieder auf dem Kissen hin und her warf, als würden ihn seine Gedanken foltern, zart an der linken Schläfe berührte. Das Einverständnis dieses Mannes war wichtig. Sein Name war Sebastian und in dieser Nacht schlief er alleine in dem luxuriösen Doppelbett, erschöpft nach seinem tagelangen Einsatz als Pilot. Er lebte mit Henning zusammen. Für Sebastians Mann war Seb indessen nicht zuständig. Der Name Henning gehörte nicht zu seinen Aufgaben.

Die Namensregeln für eine Transformation galten für alle Himmlischen der Seraphim-Riege. Die Voraussetzung für die gemeinsame Arbeit war eine Namensbrücke. In diesem Fall ging es um den Namen Sebastian. Drei Menschen, zu denen der Name Sebastian gehörte, musste Seb in dieser Nacht helfen. So die Anweisung von Metatron.

Bei den beiden Männern mittleren Alters empfand Seb den gemeinsamen Ort hilfreich. Beide Männer waren energetisch in Berlin-Tiergarten verwurzelt. Weiterhin verband sie die politische Aktivität. Sebastian Edathy war seit vielen Jahren ein erfolgreicher Politiker. Die Parteizugehörigkeit bei der SPD zog auch der Pilot in Erwägung. Durch seinen Mann Henning, der als einer der wichtigen finanziellen SPD-Unterstützer hinter den Parteikulissen galt, wusste Sebastian viel über die Partei. Der Skandal seines Namensvetters Sebastian Edathy hatte ihn erschreckt, obwohl sich die Männer persönlich nur flüchtig kannten. Doch alle in der Partei wussten, dass Edathy ein entsetzliches Jahr hinter sich hatte. Henning war informiert, pflegte vielfältigen Austausch, so auch an diesem Abend, an dem das Willy-Brandt-Haus während der Berlinale seine Türen dem Film des Jahres öffnete. Sebastian war zu müde gewesen, wie so oft nach einem Langstrecken-Marathon über den Atlantik. Er ließ Henning alleine gehen.

Seb bewunderte die schönen Körperumrisse des vor ihm unter dem Laken Schlafenden. Ende dreißig, schlank gewachsen und dennoch muskulös, war dieser Sebastian eine Augenweide. Eine leicht getönte Haut, Erbe einer iranischen Mutter, dazu lange Wimpern und eine fein geschwungene Nase.

Henning und Sebastian waren ein Traumpaar, in jeder Hinsicht. Seb wusste, dass sie sich Kinder wünschten. Henning ging bereits auf die fünfzig zu und hatte mit seinem erfolgreichen Unternehmen finanziell ausgesorgt. Das Paar hatte mehrfach darüber gesprochen, dass Henning zu Hause bleiben würde, die Kinder hüten und versorgen wollte, während Sebastian weiter fliegen durfte. Familie war ihr gemeinsames Ziel. Der Wunsch war im Freundeskreis geäußert worden und inzwischen auch von der zuständigen Beratungsstelle aufgenommen worden. Man suchte nach geeigneten Kindern. Nicht nur ein Kind wollte das Paar adoptieren, sondern gerne gleich mehrere, vielleicht Geschwister.

Seb schmunzelte. Die Riege der Engel war bereits seit einiger Zeit im Besitz der Blaupause für ein Familienleben mit Kindern für Sebastian und Henning. Wäre da nur nicht dieser unschöne Verdacht gegen Sebastian Edathy gewesen.

Gleich auf mehreren Ebenen schadete dieser umstrittene Kinderpornographie-Verdacht. Man hatte Sebastian Edathy vorschnell an den Moralpranger gestellt und wollte ihn auf einem Schandfleck festnageln, der Männerliebe betraf. Weil man es nicht geschafft hatte, eindeutig Stellung zu beziehen, auch Paare wie Sebastian und Henning nicht, stand ein Monster im Raum.

Über Nächte und einige Flaschen Wein hatte Sebastian mit Henning über die Grenzen der Liebe und des Begehrens diskutiert, wussten sie doch, was da draußen in der Szene tobte, welche Exzesse ausgelebt wurden. Sie hatten sich auseinandergesetzt mit den neuen, oft wahrhaftigen Lebensformen der heutigen Zeit, die den Weg ins Aus oder aber in ein Ghetto bedeuteten konnten. Waren homosexuelle Paare geeignete Eltern? Konnten sie über Jahrzehnte Kinderunschuld bewahren? Bestimmt nicht jedes Paar. Nur konnte auch nicht jedes heterosexuelle Paar garantieren, dass ein Kind unbeschadet aufwuchs.

Es blieb ein schwieriges Thema. Die Randgruppenfassade, wie Henning es spöttisch nannte, das besonders strahlende Lächeln, die demonstrative Glückshaltung, die auch Henning und Sebastian in der Öffentlichkeit an den Tag legten, verzog sich zu einer Grimasse des Scheins, hinter der es brodelte. Es gab keine Garantien. Menschliche Beziehungen waren nie einfach. Warum sollte das unter Männern anders sein? Man kämpfte, wie alle andern auch, um jedes bisschen Terrain einer Partnerschaftswelt, in der viele Menschen aufgegeben hatten. Die Lichter der Singlewohnungen in Tiergarten leuchteten inzwischen zahlreicher als die der Paare oder gar der Familien mit Kindern. Man lebte Sexualität irgendwie, gerne auch rein medial. Natürlich gab es auf der anderen Seite der Kamera, dort, wo das Geld verdient werden musste, haufenweise Opfer, die ihre Sexualität verkauften, weil sie das Geld benötigten. *Wir alle kennen diese Wahrheit*, wie Henning herausgebrüllt hatte. Auf ihrer Terrasse, wütend über die neue Welle einer möglichen Schande, die wegen des Verdachtes gegen Sebastian Edathy möglicher Weise ihre Chance auf gemeinsame Kinder verringern würde, hatte Henning seiner Wut freien Lauf gelassen. Danach hatten sie sich mehrfach um die Adoption bemüht. Angeblich hatte man keine geeigneten Kinder gefunden.

Sebastian stöhnte laut im Schlaf. Der Seraph kannte den Grund, die quälende Unsicherheit, die sich mit der Hetzjagd auf Edathy verstärkt hatte. Das tödliche Gift eines Rufmords, das auch in ihre Beziehung eingedrungen war. Man hielt die Füße still, wollte das Ergebnis der Untersuchung abwarten, wollte nicht hineingezogen werden in das Minenfeld der Vorverurteilungen, Spekulationen und Beschimpfungen.

Wir wollen bei den Beratungsstellen gut ankommen …
Sprich in der Öffentlichkeit nicht über Edathy. Wenn ja,
distanziere dich!

So hatte Henning es verlangt.

Der Seraph lächelte, denn er wusste, dass vor ihm im Bett ein mutiger Mann lag. Dieser Sebastian war einer, der helfen wollte. Daher die Einladung an den Seraph, daher das Einverständnis einer gemeinsamen Seelenarbeit zur Heilung.

Der gewaltige dunkle Engel mit den mächtigen blauschwarzen Schwingen atmete konzentriert, um zumindest ein wenig Luft in die Tiefe seiner Lungen zu ziehen. Für Menschenmaße war dieses Penthouse über den Dächern von Berlin reiner Luxus. Henning war reich. Für einen Engel von Sebs Größe, gewohnt an ein Leben unter freien Himmel auf einer Südseeinsel, war das Penthouse zu eng. Dabei gab es außer dem großen Schlafzimmer, in dem sie sich befanden, das ganz in Schilfgrün gehalten war, einen Wohnraum mit Küche und vier weitere Zimmer, die Kindern gehören sollten.

Seb hatte das zukünftige Familienglück von Henning und Sebastian in einer einzigen Nacht gestaltet. Er kannte bereits die Kinder, die es in diese Zimmer schaffen würden, wenn alles ablaufen würde wie geplant: Bastian, Mika, Benjamin, Esther, Leah und Elias. Nur waren dabei Gefahren zu überwinden. Die Kinder mussten aus einem Kriegsgebiet in der Ostukraine evakuiert und nach Berlin gebracht werden.

Hier in Berlin galt es jedoch, zunächst den Boden für eine Adoption von Paaren wie Sebastian und Henning vorzubereiten. Die Zerstörung von Vertrauen musste verhindert werden, denn der Pranger stand. Vielleicht würde es Sebastian Edathy sein, der den größten Felsen persönlich aus dem Weg räumen musste. Der Name Sebastian gehörte zu einem Heiligen, der zu seinen Überzeugungen stand, getötet werden konnte und von Pfeilen durchbohrt dennoch wieder aufstand. Wenn man ihm half.

Helfen wollte Seb, und helfen wollte auch dieser schlafende Sebastian, der sich im Traum unruhig wand. Eine Namensbrücke war gebaut.

Seb zückte sein Smartphone. Das Recherchieren ging ihm leichter von der Hand, seit die Firma *Apple* eingesehen hatte, dass die Engelsriege der Seraphim Sondermodelle benötigte. Bei einer Körpergröße von neun Metern waren Sebs Hände und seine sensiblen Fingerkuppen auf Benutzeroberflächen angewiesen, die angemessen reagierten. Er liebte sein neues Modell. In nur wenigen Minuten sah er die neuesten Fakten über Sebastian Edathy durch. Die Presse servierte in bekannter Gründlichkeit. Der steinige Weg des beschuldigten SPD-Politikers las sich zeitlich geordnet. Aussagen von Parteifreunden. Feinde, die Edathy sich gemacht hatte, vielleicht durch seine herausragende Arbeit bei der Untersuchung der blamablen NSU-Ermittlungen. Edathy bei der Wahrheitsfindung, auf klebrigem Pfad in sumpfigem Gelände. Es gingen laut Pressebericht die Gefühle mit Sebastian Edathy durch. Folgte deshalb der politische Dolchstoß innerhalb der eigenen Partei?

Henning und Sebastian hatten diese Frage in hitzigen Debatten erläutert und waren zu keinem Schluss gekommen. Nur eines wusste Henning sicher, da er seit Jahrzehnten im Umfeld der SPD den Klatsch kannte. Oft ging es um Sexualität, Drogen und Intrigen, wenn nach Mitternacht politische Masken fielen.

Der Seraph seufzte theatralisch. Politiker ermüdeten ihn. Oft schienen sie nicht mehr zu wissen, wofür sie standen – oder wofür ihr Land stehen sollte. In Zeiten der Rückwärtsbewegung in ein Mittelalter der Pranger, Hetze und Menschenverachtung regierten Angst und Tücke.

Mittendrin ein Sebastian Edathy, der nicht nur ein angreifbarer Single war, sondern noch dazu als Botschafter des neuen Miteinanders der Kulturen ein Leuchtturm der gelungenen Integration. Bot sich Edathy der eigenen Partei automatisch als Sündenbock an? Wusste er, worauf er sich einließ?

Der Seraph schüttelte sich bei der Erinnerung an seine wenigen Besuche in dem damaligen Berlin, das Herrn Hitler hörig gewesen war, vor Abscheu. Drohte heute erneut ethischer und moralischer Verfall? Kam sie zurück, die Mordlust der Wolfzeit-Pflanzen? Es gab über die Länder unterirdisch vernetzte Mycelien, genährt von einem Saft, der aus der Tiefe erneut ans Licht drängen wollte. Die Seraphim wusste davon. Den Faschismus zu entlarven, ihn sichtbar zu machen, ihn zu bekämpfen, konnte tödlich sein. Dagegen offen anzutreten, war auch heute kein Kinderspiel.

Für Sebastian Edathy bedeutete genau genommen bereits sein Aussehen eine potenzielle Gefahr.

Seb wusste um die Herausforderungen der neuen Zeit. Menschen waren verunsichert, fürchteten sich vor Krieg, Alter, Armut, aber auch vor ihren Nachbarn und der Einsamkeit. Diese Angst blühte überall und nährte schwammige Menschenpilze, deren seelische Kraft nicht ausreichte. Man absorbierte Mord täglich in der Flimmerkiste und in allen Bundesdialekten. Tücke und Gier wohnten hinter der Stirn von Geliebten, Kollegen und freundlich Lächelnden. War es nicht so? Zeigte uns das Fernsehen nicht, dass man die doppelt verschlossene Tür brauchte? Weiterhin notwendig: eine dritte Lebensversicherung, ein gesundes Misstrauen gegen allgegenwärtiges Verbrechen und den fanatischen Machtkampf der Religionen. War es denn so falsch, wenn manche den Rückzug antraten in alte Parolen, die einst zumindest die Richtung wiesen, damit ein Einzelner sich nicht so entsetzlich allein fühlte?

Seb verstand das Elend. An seinen Besuch im Berlin des Jahres 1946, als das Schlimmste nach dem Krieg vorüber war, erinnerte er sich gut. Immer noch stieg eine Eiseskälte in ihm auf, die er nur zu gut kannte. Es waren seine eigenen Schuldgefühle, weil er damals vor dem Hitler-Berlin der stumpfen Grausamkeit ans andere Ende der Welt geflohen war. Die anderen Seraphim mussten wegen ihm in Berlin Überstunden leisten. Nicht alles konnte in Frieden transformiert werden, nicht jede Seele erhielt den notwenigen Beistand. Damals hatte in einem unfassbaren Genozid das Blut von Millionen von Glaubens-Hingerichteten den europäischen Boden mit Verzweiflung durchtränkt.

Wenig war befriedet worden oder konnte transformiert werden, da es an himmlischen Kräften gefehlt hatte. Vieles blieb unerledigt, weswegen findige Tentakeln des Dunkeln nach neuen Kräften suchten und willige Menschengefäße vorfanden, denen es nach Rache gelüstete. Immerhin war Deutschland erobert worden. Erneut erblühten Ignoranz, Engstirnigkeit, Grausamkeit und Rechthaberei. Immer waren sie viele, vernetzt, verletzt und gleichzeitig ferngesteuert von der Verzweiflung aus zwei verlorenen Kriegen, die nie hätten geführt werden sollen.

Seb rieb sich die Hände, um die Eiseskälte seiner damaligen Feigheit zu vertreiben. In gewisser Weise waren die Folgen seines einstigen Versagens endgültig, denn der Dünger war gestreut worden. Damals hatte er die Ignoranz gescheut, sein Bleiben für überflüssig gehalten. In Berlin wurde strategisch geplant, systemisch gemordet und mit heroischen Reden ein notwendiger Endsieg in einem Blutbad herbeifabuliert.

Seb wählte den Frieden in der Südsee, fernab von nationalen Rülpsern in grölenden Chören. Die geballte männliche Stupidität hatte seine Ohrmuschel beleidigt. Er war Metatron auf eigene Weise zu Diensten, so redete er sich ein, wenn er zurück nach Berlin gerufen wurde. Dann meldete er sich einfach krank. Seb wollte Berlin vergessen und wählte die Unterwasserwelt der Wale und Delphine in der Südsee. Die Flucht vor dem Grauen gelang ihm fast vollständig. Nur einmal kam seiner Mission ein kriegerisches U-Boot in die Quere. Es trug das grauenerregende Symbol, entfremdet aus der indischen Mythologie gestohlen. Seb kannte den Übeltäter persönlich, der das Hakenkreuz eingeflüstert und mit Negativität aufgeladen hatte. Ein ehemaliger Seraph war übergelaufen.

Von dem ekelerregenden Anblick des Untersee-bootes mit dem zerstörerischen Symbol verärgert, ließ Seb sich dazu verführen, Menschen zu schaden. Von Walen umringt verlor das U-Boot seinen Kurs. Es tauchte nie wieder auf. Meeresgräber sind wunderbar still.

Bis heute fragte Seb sich, warum Metatron ihn damals nicht zu sich gerufen hatte. Es waren noch Fragen offen. So auch, ob die Lichtgestalten über ihm, die mehrfach das Ende des Irdischen propagiert hatte, damals überhaupt noch das Sagen hatten.

Du denkst schlecht über uns?

Seb erschrak. Er hatte ganz vergessen, dass sein Übertragungsgerät noch an war. Prompt folgte eine zweite Frage von Metatron.

Wie weit ist deine Neulösung? Was macht der Zeitplan?

Verbinde dich bitte nachhaltig, mein Lieber.

Der Metatron sprach zwar jeden mit *mein Lieber* und *meine Liebe* an, jedoch waren seine Vorschläge nie bloße Optionen. Zeitnahe Erfüllung wurde vorausgesetzt, vor allem, wenn man sich als Seraph bewähren musste. Seb durchsuchte auf den Himmelsfrequenzen nach dem Zeichen seines Vorgesetzten, dem Kubus. Prompt hörte er einen Vortrag von Metatron.

In bestimmten Zeitschleifen verhandelt man dieser Tage, ob das multidimensionale Experiment Mensch in dieser Form in der Tat als gescheitert gelten muss. Die Körperlichkeit der Menschen, gepaart mit ihren oft irrationalen

Emotionen und dem leicht beeinflussbaren Festplattenmo-
dell Gehirn steht auf dem Prüfstand. Weltweit werden über
die Medien Systeme einer Neulösung installiert, die dem
großen Lichtlogos leichter folgen sollen. Frei von Körpern,
frei von Gefühlen, frei von Gehirnsystemen, die leicht
manipulierbar waren, werden neue Systeme getestet ...

So auch in dieser Nacht in der Ostukraine, wie
Seb wusste, da dort der dritte Sebastian, Teil seiner
Aufgabe, an einem Glaubenstest teilnahm. In diesen
Tagen wurden einige universelle Weichen neu
gestellt. Nur wenige waren eingeweiht worden.

Der Seraph Seb sah aus dem Fenster, über die
Wilhelmstraße rüber zum Willy-Brandt-Haus. Dort
wurde an diesem Abend im Zuge der Berlinale
ein französischer Film gefeiert: *Heute bin ich Samba.*
Es war eine altmodische und schüchterne Men-
schengeschichte wie sie auch Seb gut gefiel. Diese
Liebesgeschichte zwischen Verletzten, Ungleichen,
von der Gesellschaft missachteten Sehnsüchtigen
forderte auf filmische Weise ebenfalls ein Umdenken. Ein Afrikaner auf der Suche nach Heimat trifft
auf eine ausgebrannte Arbeitsbiene auf der Suche
nach Liebe.

Für einen Seraph wie ihn, einen der alten Garde
der Tausend-Jahre-Spezies, war die Liebe nicht nur
ein Wort für dieses Sexding. Doch ganz ähnlich wie
der Lichtlogos keineswegs eine Aufforderung für
einen Krieg der unterschiedlichen Religionen sein
konnte, so wurde auch die Liebe von den Menschen
gerne missverstanden. Vor der wahrhaftigen Liebe
flohen die Menschen heute oft, da sie ihnen nicht

kalkulierbar schien und keinerlei physikalischen Gesetzmäßigkeiten folgte. Die Liebe verlangte das Vertrauen in ein Chaos und folgte damit am ehesten den Regeln der Kunst und natürlich der Poesie. Den wahrhaftigen Logos, das Licht, dem ein Seraph wie Seb in den Fußstapfen des Metatrons folgen durfte, kannten die Menschen oft nicht. Die ursprüngliche Absicht der Lichtgestalten war einfach. Sie wollten erreichen, dass die Menschen in einem Zustand des Glücks und des Friedens die nächste Entwicklungsstufe erreichten. Daher verwunderten Seb die Worte nicht, die er jetzt auf seiner Frequenz hören konnte.

Ein Seraph aus Syrien, wo erbittert gekämpft wurde, sprach mit Metatron:

Deine Menschen sind nichts weiter als unser missglücktes Experiment. Sie verstehen nicht, dass alles eins ist und die Trennung der Religionen die Liebe zerstört, die wir mit den Religionen schenkten. Sie können ihre Herzen nicht öffnen, um die Verbindungen zu sehen. Es gelingt ihnen nicht.

Von diesem menschlichen Scheitern sprachen alle himmlischen Vorgesetzten. Metatron hingegen verteidigte die Menschen oft. Er wandelte einst selbst als menschliches Wesen auf der Erde. Die anderen Seraphim waren meist Wesen aus reinem Licht, die keinerlei Verständnis für Sinnliches aufbrachten. Das Spiel von Verführung und Begierde, die Suche nach Sinn und Sicherheit, das Streben nach Vorteilen gegenüber anderen und nach materiellen Gütern - all das musste Metatron erklären.

Noch eine Weile lang hörte Seb der Metatron-Sequenz zu. Er erhielt Nachrichten aus Syrien, Libyen und anderen Regionen, in denen sich Glaubenskriege manifestierten, die in dieser Form in dem neuen Jahrtausend nie geplant gewesen waren.

Zum Glück war all das nicht die Aufgabe von Seb, nicht in diesen Tagen, in denen Seb hoffte seine restlichen Buchstaben zurückerobern zu können. Nur konnte ihm seine Aufgabe nicht alleine gelingen. Um die Schicksale von drei Männern namens Sebastian zu transformieren, musste er sich mit seiner Freundin Hannah verbinden, die auf dem Weg in die nächste Dimension in Schwierigkeiten geraten war. Hannah hatte ihn angerufen. Es ging um ihren ältesten Enkelsohn Sebastian, genannt Bastian. Dieser Knabe war der dritte Sebastian im Bunde. Momentan gefangen in einer schwierigen Situation in einer umkämpften ostukrainischen Kleinstadt, stand Bastian auf bizarre Weise in Verbindung mit Sebastian Edathys behauptetem Vergehen. Der Knabe Bastian stand ebenfalls in Verbindung zu der Zukunft des schlafenden Piloten Sebastian.

Seb hatte begonnen an dieser gemeinsamen Zukunft zu arbeiten. Dazu rief er in dem Piloten zunächst seinen eigenen Kindheitsalbtraum von Krieg und Zerstörung im Iran ins Traumgedächtnis. Der Mann begann heftig zu schwitzen. Viele, der in Deutschland Eingewanderten, waren aus Krisengebieten geflohen. Manchmal tat es gut, wenn man daran dachte, dass immer irgendwo auf der Welt Hilfe benötigt wurde, weil irgendwelche Idioten sich gegenseitig mit Waffen beschießen mussten. Sebastian war im Iran zwangsweise in die körperliche Liebe eingeweiht worden. Vor der Flucht der Familie wurde er mit acht Jahren zu ersten Erfahrungen mit einem älteren Mann gezwungen. Diese Ohnmachtserfahrung hatte Spuren hinterlassen. Henning konnte in den Albträumen und der gelegentlichen Wut seines Geliebten früh lesen, dass Heilungsarbeit notwendig sein würde, wenn sie sich eine eigene Familie wünschten.

Seb sah auf die Uhr. Es wurde Zeit. In sein Smartphone gab er den Code ein, der in Berlin bei Sebastian einen genauen Plan installieren würde. Den Eingang zur Traumpforte eines Menschen zu öffnen, war für einen Seraph der Transformatorenriege eine der leichteren Aufgaben. Er hielt dem Schlafenden das Signal ans Ohr.

»Du wirst mir vertrauen, ja?«

Sebs Flüstern wurde nicht beantwortet. Sebastian schlief tief. Der Engel fixierte das leichte Pochen unter der Haut an des Menschen Schläfe und sah, wie sich die Ader ihm entgegen wölbte. Der Code war installiert. Alles war bereit. Er konnte mit seiner Aufgabe beginnen. Seb stellte seine Stimme auf eine Frequenz, die Sebastian angenehm war. Dann ging es los.

»Lieber Sebastian, meinen Dank für die Bereitschaft. Ich erzähle dir von euren zukünftigen Kindern.«

Schon bald rang Sebastian mit sich, wie Seb beobachten konnte. Der Junge in der Ukraine, der eine Familie brauchte, war kein Kind mehr. Bastian hatte seinen Körper mit zehn Jahren verkauft. Als Beschützer verfolgte der Junge einen ehrgeizigen Plan in seiner von Separatisten belagerten Stadt, inmitten von Kugelhagel und Flüchtlingsströmen: Er wollte mit fünf Kindern gemeinsam aus der Stadt fliehen. Seb fuhr fort.

»Da wären Bastians Geschwister Mika und Benjamin sowie drei weitere Kinder, deren Eltern entweder tot oder aber in Gefangenschaft sind: Die Zwillingsmädchen Leah und Esther und dann noch der kleine Elias, ebenfalls fünf Jahre alt. Bastians Freund und Agent Juri wird die Kinder über Umwege nach Berlin bringen. Das notwenige Geld für die Flucht hat Bastian angespart ... er hat dafür viel gearbeitet und wurde ein Kinderpornostar ... durch Juri ...«

Der Seraph unterbrach kurz, um dem jungen Mann vor ihm die entsprechenden Bilder zu seinen Worten ins Gehirn zu senden. Der Download in die pochende Ader begann.

»... der Vater ist abgehauen, die Mutter gestorben. Bastian wurde früh zum Ernährer. Mit zehn Jahren begann der Junge, durch Juris Vermittlung Filme zu drehen. Es waren schmutzige Filme, wie manche sagten, worüber Bastian lächelte. Ein in Armut lebender Junge aus der Ostukraine ist andere Härten gewohnt. Schmutzig waren Drogen, mit Rattengift gestreckt, die andere arme Kinder in ähnlich desperater Lage auf dem Schulhof verkauften. Verachtenswert in Bastians Augen war eine Diebesbande aus Kindern, die vor allem ältere Frauen ausraubte. Großmütter, wie Bastians geliebte Baba

Hannah, ohne deren Hilfe er seine Geschwister nach dem Tod der Mutter nie hätte durchbringen können ... Mika und Benjamin führten nur wegen Hannah und Bastian ein Leben in Unschuld und Sicherheit. Mika wird bald sieben Jahre alt. Benjamin ist fünf. Der Junge wird ein Engelsseher ... das weiß ich jetzt schon. Henning und du, ihr werdet viel Freude an diesen Kindern haben. Vertraut mir.«

Winzige Informationspartikel durchdrangen Haut und Ader und wurden an wartende Rezeptoren geliefert. Sebastians Augenlider zuckten. Film- und Fotoaufnahmen zeigten den zehnjährigen Bastian im Jahr 2010: weißblonde Locken, tiefblaue Augen und ein Lächeln, für das über die Jahre weltweit per Kreditkarte anständige Summen bezahlt worden waren. Der Junge auf den Aufnahmen wirkte stolz. Nicht allen Kindern, die mit ihm zusammen rekrutiert worden waren, auch in Russland, Polen und Rumänien zum Casting erschienen, war es vergönnt, in der Beliebtheitsskala nach oben zu steigen. Nicht jeder wurde ein Star. Und nicht jeder, der posiert hatte, wurde von einem guten Agenten wie Bastians Freund Juri vertreten, der immer auf die angemessene Beteiligung der jungen Künstler pochte. Juri hatte vor allem auch dafür gesorgt, dass Bastian niemals Drogen eingeflößt wurden und Juri stets bei den Aufnahmen zugegen war. In dem kriminellen Internetgewerbe verbreiteten sich Ausbeutung und Grausamkeit. Man kannte den Abgrund des Gewerbes, wusste, was mit Schutzlosen geschah.

Sebastian stöhnte im Schlaf. Der Seraph schickte ihm zur Untermalung einige Bilder von Kindsmissbrauch. Grausamkeiten jagten sich im Schnelldurchlauf und Seb beschleunigte das Tempo, bis die schwierige Bildstrecke im Zeitraffer durchgelaufen war. Dann flüsterte er.

»Das ist die eine Seite. Ich weiß, dass sie grausam ist, verwerflich und moralisch mit nichts zu entschuldigen. Du weißt, wovon ich rede. Doch mir geht es hier um Bastian. Für diesen Jungen ist alles gut ausgegangen. Dank Juri gehört er zu den Profiteuren dieses abscheulichen weltweiten Handels ... Oder zumindest gehörte er zu denjenigen, die ein gutes Leben haben könnten, wenn wir ein wenig nachhelfen. Bastian will die anderen Kinder retten. Hier, gleich wirst du verstehen ...«

Seb schickte Bilder aus der Ukraine: Zeitungsberichte von Ermordeten auf dem Maidan. Rollende Panzer auf Landstraßen. Brennende Dörfer, Soldaten, die planlos schießen. Zivilisten suchen schreiend nach Deckung. Kinder verstecken ihre Gesichter in den Schürzen panischer Mütter. Mittendrin Bastian mit einer Pistole in der Hand. Der Junge versteckt jüngere Kinder in einem Keller, insgesamt fünf an der Zahl. Er zeigt ihnen das Geld in seinem Brustbeutel, spricht von einem Auto, das Juri kaufen wird, damit sie von diesem Ort wegkommen. Nach *Berlin,* sagt der Junge. Von den jüngeren Kindern nickt Bastians Bruder Benjamin. *Berlin* kennt er aus den Erzählungen seiner Baba. *In Berlin gibt es Engel ...* «

Wieder flüsterte der Seraph in Sebastians Ohr.

»Bastians Einkommen als Kinderpornostar ermöglicht die Flucht. Wenn alles gut geht, werden sechs Kinder wohlbehalten in einigen Wochen in Berlin ankommen. Bastian will sich in der Stadt eine Zukunft aufbauen. Seit er ein kleiner Junge war, schwärmte Baba Hannah von der Stadt ihrer Kinderjahre. Einst lebte sie in diesem Haus, beziehungsweise in einem Haus, das an dieser Stelle stand, bevor es von Bomben getroffen wurde... Hannah war eine Engelsseherin.«

Der Seraph erwartete keine Antwort. Er war merkwürdig aufgewühlt, wie immer, wenn er an Bastians Großmutter Hannah dachte. Das betende Mädchen, seine erste Engelsseherin, die ihr Leben lang für Frieden gebetet hatte, würde im Jahr 2015 inmitten eines Krieges in der fernen Ukraine sterben. Ihm war auch nach offizieller Anfrage von Metatron nicht gestattet worden, Hannahs Todesstunde oder den Ort ihres Aufstiegs in die Himmel zu verlegen. *Hannahs neuer Platz wartet, wir brauchen sie alle. Engelsseher sind ein wichtiges Element unserer Neulösung für die Menschen.* So lautete Metatrons Antwort.

Seb wischte sich verstohlen eine Träne aus dem Augenwinkel. Hannah hatte er von dem Moment an geliebt, als sie ihn zum ersten Mal erkannte. Niemals zuvor hatte ein Mensch ihn gesehen. Dann kam Hannah. Sie lachte vor Freude bei ihrer ersten Begegnung. *Da bist du ja endlich, mein Engel!* Mehr sagte das Kind mit den großen braunen Augen nicht. Lächelte, drehte sich auf dem Alexanderplatz am Neptunbrunnen im Kreis. Und Seb wusste, dass Hannah wusste, was geschehen würde. In dem damals noch unzerstörten Berlin stand die Fünfjährige im Sommer 1935 bei der Nixe vor dem Neptunbrunnen und zeigte bei jeder Drehung erneut auf ihn und lachte. Und er, der riesige Engel, der seine staubigen blauschwarzen Schwingen in der Augusthitze im Brunnenwasser kühlte, wurde verlegen. Und immer wieder lachte sie ihn an und sang schließlich: *Engel mein, Engel mein, darfst mit mir im Himmel sein.* Mit genau der richtigen Portion Spott in ihrer Stimme sang Hannah ihren Reim, so als wüsste sie genau, dass Seb vorhatte, ein Feigling zu sein. Er hatte nicht zurückgelacht. In der Berliner Sonderrunde, zu der ihn Metatron aus der Südsee in die deutsche Hauptstadt beordert hatte, war der ganz große Krieg verkündet worden. Seb hatte bereits während der Konferenz beschlossen, dass er erneut abhauen würde, so wie er es bereits im Ersten Weltkrieg getan hatte.

Hannah konnte mit ihrer Familie kurz darauf fliehen, dafür hatte Seb gesorgt. Geboren in eine jüdisch-deutsche Familie hinein, in der es keine weiteren Kinder gab und in der Religion kaum eine Rolle spielte, galt das sprachbegabte Mädchen mit den Visionen als Sonderling. Hannah war in ihrer Kindheit oft einsam. Täglich unterhielt sie sich mit Seraph, egal wo er sich gerade befand. Später im Leben, als Hannah sich und ihre Tochter Rebecca nach dem Tod ihres Mannes in Kiew als Lehrerin für Deutsch, Französisch und Russisch durchbrachte, begann sie über Engel zu schreiben. Die Engelshierarchien, die Wirkungsbereiche der Riegen und vor allem die Transformatoren interessierten sie. Bisweilen besuchte Seb sie im Traum. Hannah blieb das einzige Menschenkind, das ihn je hatte sehen können. Seinen Wunschnamen Sebastian verantwortete sie, da sie ihm das Gedicht von Rilke vorlas, jede Nacht, bevor sie schlafen ging. Hannah glaubte an Seb. Ihre Verbindung wurde stärker. Und eines Nachts begann er die ihm von Metatron gesetzten Grenzen für den Umgang mit Menschenkindern zu missachten. Er holte Hannah einfach zu sich.

In den Tiefen der Meere, in seinen Südsee-Unterwasserwelten trafen sie sich immer dann, wenn Hannah von ihrem Leben als Alleinerziehende erschöpft war. Nur mit ihrer Tochter Rebecca sprach Hannah über ihre Begegnungen mit dem Seraph. Unter den Intellektuellen in Kiew galt Religion als Abkehr von höheren Zielen in Kultur, Politik und Gemeinschaft. Rebecca lächelte über die Fantasie ihrer Mutter und ermutigte sie, alles aufzuschreiben, was ihr wichtig erschien. Es war nicht wesentlich, ob es wahr war, was Hannah erlebte. Rebecca liebte die Schönheit und Wärme in den Niederschriften ihrer Mutter.

Später, als Rebecca als Ärztin ein gutes Angebot in der Ostukraine bekam und nach Bastian noch Mika und der kleine Benjamin geboren wurden, zog Hannah zu ihrer Tochter. Sie half mit den Enkelkindern, vor allem als die Ehe ihrer Tochter zu scheitern begann. Hannah erzählte ihre Engelsgeschichten und weihte ihre Enkel in ihr Geheimnis ein, sobald ein Kind den ersten Milchzahn verlor. Am Abend wurde der Zahn unter das Kopfkissen gelegt. Bei Kerzenschein erzählte Hannah zum ersten Mal von ihrem Kinderfreund, dem riesigen Engel Seraph, neun Meter groß, mit gewaltigen blauschwarzen Schwingen, die in allen Farben schimmern konnten, so wie ein Regenbogen aus Licht.

Hannah lebte in ihrer eigenen Welt. Engel, Gebete, Rituale und endlose Geschichten über Wunder wurden zum täglichen Lebenselixier für Bastian und seine Geschwister nachdem der Vater die Familie verließ und die Armut sie quälte, da ihre Mutter krank geworden war. Und dann, als Rebecca viel zu früh starb, so dass Bastian die Familie ernährte, stärkte Hannah ihren ältesten Enkel mit täglichen Schutzgebeten.

Hannahs war Seb immer nah gewesen, so auch jetzt, in der Stunde ihres Todes, in dem ärmlichen Plattenbau in der umkämpften Grenzstadt, die in den letzten Jahren zu Hannahs Heimat geworden war. Er hörte ihre Stimme in seinem Inneren.

Seraph? Du bist bei mir, nicht wahr?

Es ist alles bereit, Hannah. Hier wartet ein Zuhause auf die Kinder. Du kannst loslassen. Ich übernehme.

Mehrfach wiederholte der Seraph seine Worte im nächtlichen Berlin, während Hannah die Hand ihres ältesten Enkels Bastians Hand fest in ihrer hielt. Zwischen den näher kommenden Gewehrsalven auf der Straße flüsterte sie heiser.

»Du wirst in Berlin erwartet, Bastian! Du wirst bei einem Sebastian leben. Er trägt deinen Namen.

In Berlin sind auch wir Juden heutzutage sicher. Die Bundeskanzlerin heißt Angela Merkel. Und Angela heißt ...?«

»Engel. Ich weiß, Baba ... Du hast es mir gesagt.«

Die alte Frau ließ sich keuchend auf das Kissen zurückfallen.

»Was noch, mein Herz? Was ist wichtig?«

»An die Kraft des Engels zu glauben ... Du wolltest es doch noch einmal sehen, Berlin ...«

»Ich sehe es schon ... ich sehe die Stadt mit meinem Seraph. In Berlin herrscht Frieden. Dort gibt es keine bewaffneten Schießwütigen. In Berlin wachen die Engel über das Gute ... Du hast das Geld?«

Bastian nickte. Die Stimme seiner Baba war schwächer geworden, seit er ihr wie befohlen die Gifttabletten, aufgelöst in einem Glas Wodka, eingeflößt hatte. Hannah konnte bereits seit über einer Woche nicht mehr von ihrem Krankenlager aufstehen. Nach einem Schlaganfall hatte sie die Kontrolle über ihre Beine verloren. Neben ihrem Bett stand der Nachttopf. Es roch trotz der eisigen Kälte in der Wohnung nach Urin, ungewaschenen Leibern und Unrat. Seit Tagen hatte ihr Wohnblock keine Elektrizität, kein Wasser und vor allem keine Heizung mehr. Das Erdgas war mitten im kältesten Winter gesperrt worden. Eine Maßnahme. Babas Lippen waren nur noch zwei blauschwarze Striche im schwachen Kerzenschein.

Du kannst loslassen. Ich übernehme.

Hannah hörte die Worte von Seb in ihrem Inneren. Sie wusste, dass sie gehen durfte. Nur fiel es ihr schwer den Jungen an ihrer Seite allein zu lassen, der ihre letzte Verbindung zum Leben war.

Nur noch ein wenig, ein letztes Mal den Ältesten meiner Rebecca bei mir zu spüren, meinen Augenstern. Du wirst ihn für mich beschützen, nicht wahr?

»Du sprichst jetzt gerade mit ihm, nicht wahr, Baba?«

»Ja, mein Junge. Er ist bei mir.«

Bastian setzte sich aufrechter hin. Er war sich immer noch nicht ganz sicher, was er von Babas Engelsgeschichten halten sollte. Doch war ihm, als würde er etwas Warmes in dem eisigen Zimmer spüren. Bastian wartete jetzt sehnsüchtig darauf, dass Baba in der beengten Wohnung ihren letzten Atemzug tun würde. Die Schüsse kamen näher, das Kampfgeschehen würde bald auch ihr Wohnhaus zerstören, weswegen Bastian seine Geschwister und die anderen Kinder bereits in Sicherheit gebracht hatte.

»Du bist mein Augenstern, Bastian ...«

»Du auch der meine, Baba ...«

Geduldig hielt der Junge die Hand seiner schwer atmenden Großmutter. Als er das Foto seiner Mutter zurechtrückte, damit Hannah es besser sehen konnte, stiegen ihm Tränen in die Augen. Immer noch schmerzte ihr Tod. Jeden Tag aufs Neue vermisste er ihr Lachen bitterlich. Seine Mutter war eine gute Ärztin gewesen. Ihre beiden jüngeren Kinder hatte sie erst spät bekommen, weil ihr Mann sich weitere Kinder wünschte. Rebecca dachte, dass Mika und Benjamin ihre Ehe retten würden. Doch der Wodka hatte gesiegt. Eines Tages war Bastians Vater auf und davon und hatte einen Haufen Schulden hinterlassen. Dennoch lachte Bastians Mutter auf dem kleinen gerahmten Foto mit ihren drei Kindern in die Kamera, obwohl sie damals schon krank war. Nachdem der Vater fortgegangen war, arbeitete Rebecca Tag und Nacht, um die Schulden abzubezahlen. Irgendwann konnte sie nicht mehr. An seinem zehnten Geburtstag hatte sie Baba und ihm die Verantwortung für die Geschwister übertragen. Zwei Wochen später hatten sie ihren Sarg mit Erde bedeckt.

»Bastian? Bist du da?«

»Natürlich bin ich hier, Baba. Spürst du meine Hand?«

»Nein, mein Lieber, ich spüre sie nicht. Wo sind Mika und Benjamin?«

»In Sicherheit. Alles ist gut, Baba. Du kannst loslassen.«

Ein Röcheln zeigte, dass Baba Atemnot bekam. Sie redete wirr. Jetzt würde es nicht mehr lange dauern. Bastian schluckte. Der Tod lag mit im Bett, wie ihre Mutter zu sagen pflegte, wenn sie spät in der Nacht zu einem ihrer Patienten geeilt war, um die letzten Stunden zu erleichtern.

Hannah stieß einen leisen Überraschungsschrei aus.

»Ich sehe deine Mutter!«

»Wirklich?«

Die Augen der Großmutter waren fest geschlossen. Wie konnte sie das Foto sehen, das er ihr hingestellt hatte?

Baba verzog ihren zahnlosen Mund zu einem letzten Lächeln. Auch ohne Worte und ohne sein verdutztes Gesicht zu sehen, wusste sie, was ihr Enkel dachte.

»Nicht das Foto, sondern meine Kleine sehe ich, meine Tochter Rebecca wartet auf mich …«

Es waren Hannahs letzte Worte. Ein letzter röchelnder Atemzug. Dann wurde es still. Ihr Leben hatte sich vollendet.

Der Seraph seufzte erleichtert. Auf dem Smartphone konnte er von Berlin aus beobachten, wie Bastian die Wohnung verließ. Mit Hilfe seines Feuerzeugs fand er den Weg durchs Treppenhaus und verließ im Schutz der Dunkelheit das Wohnhaus.

Auf der Straße knallten Schüsse. Der Seraph reagierte schnell. Den Lauf eines Gewehrs, dessen Kugeln dem Jungen hätten gefährlich werden können, schob Seb per Fernsteuerung ein paar Zentimeter nach links. Bastian hatte es in die sichere Deckung einer Reihe von Büschen geschafft.

Zufrieden betrachtete der Seraph in Berlin sein neues Smartphone. Das Modell war als weltweite Fernsteuerung für alle Seraphim programmiert, wenn eine Frequenzerlaubnis des Metatron vorlag. Nicht nur war das Geschoß millimetergenau in einen Müllcontainer eingedrungen, sondern der Schütze hatte noch nicht einmal einen Ruck bemerkt. Es war eine deutliche Verbesserung zum Vorgängermodell.

Kurz darauf konnte Seb per Smartphone ebenfalls zusehen, wie Hannahs Seele begann, sich von ihrem erkaltenden Körper zu lösen. Das Farbenspiel beim Abschied von ihrer sterblichen Hülle gestaltete Hannah als sinnliches Feuerwerk in Blau- und Türkistönen. Seb wurde angenehm warm zwischen den Flügeln. Er musste an ihre geheimen Stelldichein in den Tiefen der Südsee zurückdenken. Ein vertrautes Kribbeln meldete sich und er wollte sich gerade auf einen Wiedervereinigungswunsch konzentrieren. Prompt funkte Metatron per Smartphone-Signal dazwischen: *Bereite in Berlin die zweite Transformationsstufe vor. Jetzt!*

Der Seraph wusste natürlich, was gemeint war: Der pädagogische Aspekt seiner Mission mit den drei Sebastians war durchaus beabsichtigt. Wusste Sebastian Edathy bereits, was für Kinder und Jugendliche es waren, die für diese Fotos und Filme posierten? Es gab kaum welche unter ihnen, die Beschützer wie Juri hatten. Die meisten wurden erbarmungslos ausgebeutet. Doch es gab auch Gegenbeispiele, wenn man Bastians Schicksal als ein Beispiel bezeichnen durfte. Ob Menschen, die es sich leisten konnten, mit Plastikkarten im Internet minutenweise sinnliches Vergnügen zu erwerben, ahnten, in was für karmische Verstrickungen sie sich begaben? Bastian, der den Wert des Geldes zu schätzen wusste, betete für zahlende Kunden.

Ostukraine: 9. Februar 2015. 22 Uhr 11 Minuten.

Seine Baba war im Himmel und das war gut so, denn im Himmel musste man nie frieren und litt auch keinen Hunger, wie seine Großmutter ihm bereits versichert hatte, als sie den Sarg seiner Mutter in die kalte Erde betteten. Im Himmel war ein Mensch endlich sicher, dachte Bastian mit vor Kälte und Angst aufeinanderschlagenden Zähnen. Er lag geduckt hinter einer Hecke auf der festgefrorenen Erde und wartete bibbernd darauf, dass sich die beiden Bewaffneten, die nicht weit von ihm entfernt in einer kurzen Feuerpause eine Zigarette teilten, verschwanden. Es musste minus fünfzehn Grad haben und der Junge war froh, dass er seine lange Unterhose unter den Jeans trug und beim Verlassen der Wohnung an die Fellmütze mit den Ohrenklappen gedacht hatte. Um sich die Zeit zu vertreiben, zog er das warme Bündel an Geldscheinen, das er in seinem Brustbeutel unter der winterlichen Kleidung trug, hervor und wärmte sich daran die verfrorenen Hände. Die Handschuhe lagen noch bei Baba am Bett. Er küsste das Bündel und sagte seinen kurzen Dank. An manchen Tagen konnte er sein Geldglück nicht fassen. Dass ausgerechnet er zu den auserwählten Kindern gehörte, die als Star genug Geld verdienten, um ihre Familien zu ernähren, musste an Babas Gebeten gelegen haben. Dieser Engel war bestimmt ein Mächtiger, ein Checker, einer der ganz Großen, der es hoffentlich Bastians feigem Vater heimzahlen würde, der sich verpisst hatte und inzwischen in Moskau eine neue Familie gegründet hatte. Bastian war der einzige in der Familie, der davon wusste. Sein Vater hatte ihn angerufen und gefragt, ob er nicht zu ihm kommen wollte, weg von der *jüdischen Hexe*. Von Anfang an hatte sein Vater Hannah gehasst. *Alle Schwiegermütter seien Hexen und gehörten verbrannt.* Im Suff hatte sein Vater es geschrien und war auf die Großmutter losgegangen. Die Mutter hatte sich gerade noch zwischen ihren Mann und die Mutter geworfen und den Faustschlag abgefangen. Danach war allen klar, dass der Vater sich vom Wodka oder von der Familie verabschieden musste. Wieder versuchte Bastian, nicht zu weinen. Er fühlte sich plötzlich entsetzlich alleine. Um nicht schwach zu werden, besann er sich auf seinen finanziellen Erfolg. Männer bezahlten ihn für Fotos und Filme, die manche für schmutzig halten mochten, bestimmt auch sein alkoholkranker Vater. Nur war Bastian jetzt schon stärker als sein Vater, denn immerhin hatte er über Jahre die Familie versorgt. Wie oft hatte Bastian seinem Vater in den ersten Jahren den Tod an den Hals gewünscht, sich vorgestellt, wie er schrie und wimmerte. Nur war es dann seine kranke Mutter gewesen, die in den Tagen vor ihrem Tod ihre Schmerzen kaum noch aushielt. Bastian half Baba beim Spritzen des Morphiums. Das Mittel kostete ein kleines Vermögen. Als er damals den Blick in die Hölle warf, war Bastian zehn Jahre alt. Von einem Tag auf den anderen war er kein Kind mehr. In ihm blühte der Hass. Seinen Vater wollte er mit heißem Öl übergießen und mit Pfeilen sein Herz durchbohren. In jedem der Kampfspiele, die sein Freund Juri ihm beibrachte, richtete Bastian seinen Vater hin. An den grausamen Tod seines Vaters dachte Bastian auch jetzt, während er darauf wartete, dass der zweite Schütze ging.

Das verräterische Plätschern an der Ecke, begleitet von einer dampfenden Pisswolke, brachte Bastian dazu, leise seinen Rucksack zu öffnen und nach der Pistole zu tasten. Wenn er wollte, hätte er den Idioten in diesem Moment abknallen können. Er zielte auf den Schützen. Zunächst nur zum Spaß.

Doch es folgte, in der fast unwirklich klingenden Kampfstille zwischen den Wohnblocks, ein weiteres Menschengeräusch. Der von Bastian anvisierte Schütze schnäuzte sich lautstark. Danach zückte der Kerl sein Smartphone. Das Lächeln auf seinem Gesicht zeigte, dass ihn etwas belustigte, bevor er sich mit einem Seufzer in den Schritt griff. Bastian war sich fast sicher, dass der Typ sich zum Zeitvertreib Porno ansah, so wie andere Schützen, die sich hier seit Tagen herumtrieben und den Weibern hinterherstiegen, wenn sie nicht gerade Essen klauten. Bastian wollte seine Pistole gerade wieder im Rucksack verstauen, als seine eisige Hand am gespannten Abzug zuckte. Ein Schuss löste sich und zerriss die Stille. Der Schütze fuhr herum, legte sein Gewehr an. Bastian schloss die Augen. Das war es. Sein Ende war gekommen.

Und dann, Bastian würde später nicht erklären können, wie es geschehen war, schoss jemand aus den Wohnungen gegenüber. Der Schütze ging getroffen zu Boden.

Bastian griff nach seinem Rucksack und rannte los. Er lief und lief, an dunklen Hausmauern entlang, die Straße hinunter, in Richtung Keller, wo die Kinder auf ihn warten würden. Hin und wieder hörte er Schüsse, doch wusste der Junge mit einem Mal, dass er beschützt wurde.

Der Seraph in Berlin lächelte zufrieden. Alles lief nach Plan mit dem jungen Bastian. Nun würde er sich für Sebastian Edathy in sein kleines Politik-Abenteuer in das Willy-Brandt-Haus begeben und in die Gehirnwindungen einiger Rechthaber eindringen. Schatten der Selbstgerechtigkeit, die erneut die Luft vergifteten, würde er als Seraph aufspüren und entlarven können. Er würde zumindest versuchen wiedergutzumachen, was er als Transformator damals versäumte, als Tapfere wie Sophie Scholl, Willi Graf und andere ihr Leben verloren. Seb wusste inzwischen, dass die Menschen nicht alleine gelassen werden wollten. Hannah hatte es ihm schon zugeflüstert, als sie noch ein kleines Mädchen war. *Du musst bei uns bleiben und uns beschützen.*

Jetzt hörte er Hannah kichern, spürte ihre Seele ganz nah.

Mein schöner Seraph ... sieh' doch einmal in den Spiegel. Sieht so ein Engel des Guten aus? Hast du dich wirklich verändert? Bis du mutiger geworden?

Das Mädchen Hannah – Frau und Mutter, die schließlich zur alten Baba geworden war, sie hatte über die Jahre täglich Zwiesprache mit ihm geführt, auch über die Versäumnisse, die sie bei Metatron sah. Sie wollte so oft über das Hitler-Deutschland sprechen, durchtränkt von Grausamkeit, Feigheit und falschem Schweigen, dass es Seb zu viel wurde. Lieber diskutierte er mit ihr die moderne Medienverseuchung und Hannahs bittere Stalin-Jahre in Moskau. In Russland war es nicht besser als im

Hitler-Deutschland. Hannahs Familie erlebte Grausamkeiten unter Stalin, ihr Vater verschwand eines Tages für immer. Hannahs Mutter, eine schöne Sängerin, heiratete aus finanzieller Not einen Stalin-Vertrauten. Sie opferte sich, damit ihr einziges Kind in Sicherheit aufwachsen konnte. Nur deshalb konnte Hannah Sprachen studieren.

Der Seraph hatte Hannah immer wieder versichert, dass die Menschen eine nächste Entwicklungsstufe erklimmen würden, in der es weniger Grausamkeit und mehr Frieden und Gerechtigkeit geben würde. Seb malte seiner Freundin in glühenden Farben das Bewusstsein dieser Lichtzukunft aus. *Alle Puzzlesteine des Guten werden ihre Plätze einnehmen ... bloß wann, mein Freund?*

Wieder hörte er Hannah lachen. Seraph hatte seiner Freundin den Frieden versprochen und sie musste im Krieg sterben. Was für eine Ironie. Sie durfte über ihn lachen.

Wirst du meinen Enkelkindern den Frieden zeigen? Werden Bastian, Mika und Benjamin in deinem Berlin wirklich Freunde finden? Dürfen sie als Juden leben? Oder ist das nur eine dieser netten Trostgeschichten, die Engel uns Glaubensschäfchen erzählen, damit wir auf der Erde keinen Wind machen ...

Dem Seraph entging der spöttische Unterton ihrer Worte nicht. Dennoch flüsterte er ihrer Seele, die gelegentlich immer noch fassungslos über dem Kampfgeschehen in ihrem Häuserblock schwebte, tröstende Worte zu. Der Frieden war vorbereitet. Bastian und die Kinder würden in Sicherheit sein.

Die Ohnmacht und das Schweigen konnten transformiert werden, wenn die Politiker …

Hannah lachte laut.

Politiker! Welche Fragen sind nicht bereits gestellt worden? Welche Gedanken drängten nicht vor den beiden letzten Kriegen? Inwiefern waren die Zeiten anders als damals? Waren die Menschen klüger geworden?

Insgeheim gab Seb seiner Hannah Recht. Selbst für einen Seraph war es nicht einfach, das Auge dieses Orkans zu benennen, der die Welt erzittern hieß. Warum wollten die Menschen keinen Frieden? Warum kamen sie nicht bereitwilliger mit weniger Rohstoffen aus, als von der Idee von Wachstum getrieben andere Menschen ausbeuten zu wollen? Gier und Machtbesoffenheit. Zerstörung, flächendeckend. Auslöschung, vorsätzlich.

Ist das Menschsein gescheitert, mein Lieber? Haben ich und andere, die beteten, hofften, in Frieden lebten und die kommenden Generationen erzogen, versagt? Sind der wahre Glaube, die allumfassende Liebe und ein gesundes Maß an Ehrfurcht vor dem einen Gott, der viele Formen annimmt, keine Gegenmedizin mehr? Müssen wir gänzlich umdenken? Was haben wir Frauen, Mütter und Großmütter versäumt?

Der Seraph seufzte. Nein, die Frauen waren es nicht, die ihren Teil der Aufgabe vernachlässigt hatten. Auf der Männerseite schien Gewaltiges im Anmarsch zu sein. Kriegslust, Kriegsspiele, Größenwahn, Siegerfantasien. Jedoch war auch die Männerseite des Zeitgeistes für Seb lediglich Camouflage. Die Gier selbst war es, die mächtig geworden war, begleitet von Kurzsicht und Dummheit. Wieder einmal explodierten Krisenherde, wieder einmal trafen sich weltweit angebliche Friedensstifter. Viele davon logen. Ihre Interessen waren wirtschaftlicher Natur.

Die Metatron-Frequenz auf Sebs Smartphone zeigte um den Kubus herum immer schneller zirkulierende Lichtenergien. Sie spulten Worthülsen ab, die von allen Seraphim am Netz schnellere und auch stärkere transformative Leistungen und Quoten forderten. Waren das Frequenz-Trolle oder forderte der Metatron selbst signifikante Quoten? Die Menschen länger ansaugen, ihre Sinne fesseln mit den neuen Kleingeräten, während ihr Leben verrann, Minute für Minute.

Seb starrte fasziniert auf die Wortfetzen, die aus dem Kubus auf dem Smartphone geschleudert wurden: *Sebastian Edathy – Zentrum – Entrüstung – Sündenbock – Ablenkung.*

Seb stutzte. Eine Ablenkung wovon? Was in Libyen mit den Christen geschah? Die Ermordung des Oppositionsführers in Moskau? Wie Kinder in der Ostukraine, in Syrien oder in anderen Krisenherden um ihr Leben kämpften? Das war doch schon bald kalter Kaffee. Auf der Metatron-Frequenz waren eindeutig Trolle aktiv, denn es gelang Seb nicht, Metatron direkt zu erreichen.

Was hatte die dunkle Macht vor? Welche Kriegsweiche sollte gestellt werden? Und was hatte Sebastian Edathy damit zu tun. Der Seraph schwitzte jetzt. Die Politik war zu einem schmutzigen Geschäft geworden. Ihre willigen Helfer, die Medien, wurden zu reißerischen Hyänen, die ihre Opfer oftmals gezielt zugespielt bekamen. Einzelne Journalisten wussten nicht genug. Oftmals ging es dabei inzwischen auch in Deutschland um die Vertuschung von Korruption und denjenigen Geschäften, die hinter verschlossenen Türen ausgehandelt wurden. Schließlich brauchte jeder Geld, um sich in Sicherheit zu bringen, wenn die allgemeine Angst und Wut zündete und der Flächenbrand auf weitere Gebiete übergriff. Diese Notwendigkeit hatte bereits ein Junge wie Bastian begriffen.

Seb versuchte, seinen rechten Fuß zu entkrampfen. Er spürte, wie überaus angespannt er mit einem Mal war. Trolle in der Metatron-Frequenz! Wer wusste schon, ob auf höchster Ebene noch Einklang und Harmonie herrschten. Und Seb saß hier in Berlin am Bett eines Sebastians und versuchte, eine Aufgabe zu erfüllen, für die es vielleicht schon längst zu spät war.

Seine Riesenschwingen, die sich nur ungern gehorsam hinter seinem Rücken falten wollten, zitterten leicht, als der Seraph plötzlich Metatrons Stimme vernahm.

Es wird Zeit. Die SPD wartet auf Signale. Keine Sorge. Die Trolle waren nur ein Test. Wir wollen sichergehen, dass der Auftrag erfüllt wird, auch wenn die Frequenz ausfällt. Alles bereit?

Seb murmelte ein verschämtes Ja. Wie hatte er nur an Metatron zweifeln können? Beim Entkrampfen seiner Zehen war der Seraph darauf bedacht, kein Geräusch von sich zu geben. Die feinen Ohren des Schlafenden vor ihm zuckten ohnehin so nervös, als würde Sebastian im Schlaf Stimmen hören. Leise stand er auf. Sein gebeugter Rücken erlaubte es ihm nicht, sich voll zu strecken und tief durchzuatmen. Es wurde wirklich Zeit hinüberzugehen, denn der Film im Willy-Brandt-Haus war vorbei und die Reden begannen in wenigen Minuten. Es sollte um die neue Willkommenskultur der SPD gehen, die sich für Asylanten einsetzen wollte.

Er warf einen letzten Blick über die Schulter. Mit dem schlafenden Sebastian war er fertig, das Programm für die zukünftigen Kinder war fest installiert. Wenn alles gut ging, auch drüben, bei den Politikern, würden die Zimmer in diesem Penthouse schon bald mit den Stimmen ukrainischer Kinder zu neuem Leben erweckt werden. Nun fehlte noch die Einschätzung zur Transformation des angeblich so unverzeihlichen Verbrechens von Sebastian Edathy.

Keine drei Minuten später stand der Seraph weit über den SPD-Party-Gästen an der Brüstung der Halle im Willy-Brandt-Haus. Um einen guten Überblick zu haben, hatte Seb sich neben dem gläsernen Aufzug positioniert. Von hier aus sah er zu, wie die Redner auf dem Pult beklatscht wurden, während einige Gäste sich angeregt unterhielten. Er entdeckte Justizminister Heiko Maas im Gespräch mit dem Geschäftsführer des Berufsverbands der Deutschen Schauspieler. In der Gesetzesreform zur Adoption von Kindern in gleichgeschlechtlichen Ehen war dieser Mann von großer Bedeutung. Was er wohl privat über einen SPD-Kollegen wie Sebastian Edathy dachte?

Der Seraph richtete sein Smartphone nach unten, in die Richtung der Sprechenden, um zu lauschen. Es ging in den Gesprächen meist um den Film, der mutig und klug in Frage stellte, wie europäische Länder mit Asylsuchenden umgingen.

Der Seraph konnte nur einzelne Satzfetzen verstehen. Erfreut hörte er jedoch Worte wie Toleranz, Fairness und Bruchstücke von Sätzen über einen Neuanfang im Miteinander der Kulturen und Länder. Man freue sich über Zuwachs in Deutschland, so hieß es. Zwei Frauen unterhielten sich im Flüsterton über Edathys Kampf mit den Medien. Sie sprachen über Homophobie, weiterhin über die Hasstiraden auf diejenigen Frauen, die es wagten, die Prostitution in Frage zu stellen. Viel Kommunikation wurde als verletzend beschrieben. Mit Edathy hatte es einen Mann erwischt, einen der ihren. Die Frauen spekulierten über den Grund. Warum war ausgerechnet auf Sebastian Edathy eine derartige Hetzjagd eröffnet worden … ungleich härter und brutaler als angemessen. Die beiden Frauen sahen sich bei ihrem Gespräch vorsichtig um, ob auch niemand ihnen zuhörte.

Gemeinsam verließen zwei Männer die Gesprächsrunde mit den französischen Filmemachern. Seb erkannte in dem älteren SPD-Politiker Sebastians Mann Henning und begann von seinem Posten aus zu lauschen.

Henning deutete gerade auf die klobige Statue von Willy Brandt, die links von der Filmleinwand stand.

»… unser aller Vorbild … verfallen der ungezügelten Sehnsucht seiner Lenden. Die Frauen wurden Willy

Brandt zugeführt, viele von ihnen käuflich. Waren sie alle volljährig? Wer weiß es heute schon genau? Bei unserem Sebastian Edathy geht es doch wieder einmal um diejenigen von uns, die nicht als brave Bürger in Hetero-Ehen Kinder produzieren. Wir sollten alle der Norm des deutschen Wohlverhaltens entsprechen … ich weiß doch wirklich, wie es ist, wenn man versucht, auf ehrliche Weise nur ein wenig anders zu sein!«

Der jüngere Mann nickte und berührte jetzt mit seiner Hand die kühle Bronze des großen SPD-Vorbildes.

»Stimmt. Wählt man als Mann einen Mann, noch dazu eine rasante Schönheit aus einem anderen Kulturkreis … Ach, ja, dazu noch ein paar Jahre jünger … dann ist schnell Essig mit der Parteikarriere.«

Henning lachte gut gelaunt.

»So auch meine Vermutung, weshalb ich mir gerne in der Wirtschaft eine goldene Nase verdiene und bei euch nur im Hintergrund die Strippen ziehe. Einen Skandal… noch dazu ein Sexskandal? Wer weiß, ob am Ende überhaupt irgendeine der Anschuldigungen gegen Sebastian Edathy vor Gericht strafbar sein werden. Es könnte auch alles einen ganz anderen Hintergrund haben … «

Die Männer sahen sich an und schwiegen einen Moment. Der Seraph wusste, dass sie an die NSU-Morde dachten. Der jüngere Mann begann erneut zu sprechen.

»Ihr wolltet doch Kinder adoptieren?«

»So ist es. Und auch das ist schwierig für Männer, die seit über einem Jahrzehnt eine glückliche Partnerschaft nachweisen können. Die meisten der hier Anwesenden sind leider zu verlogen, um zuzugeben, dass sie ebenfalls dagegen sind. Es ist das aufstiegsoptimierte Sich-Verstecken hinter Sauberfrau und Saubermann, es sind die Lügenfassaden, die unser Land vergiften. Ein Mann wie Sebastian Edathy wird von einer arroganten Medienmacht kaltgestellt, die auf dem besten Weg ist, die Toleranz in unserer Demokratie zu zerstören ...«

»Müssen wir das zulassen?«

Henning senkte seine Stimme, sodass nur sein gegenüber ihn hören konnte. Dachte er.

»Ich hätte etwas gesagt, wenn Sebastian und ich uns nicht darum bemühen würden zu adoptieren ... Letztendlich ist mir persönlich die Gründung der Familie wichtiger als die Politiker-Freunde ... ich war also auch feige und eigennützig, wenn man es genau nimmt.«

Seb hatte auf seiner Balustrade genug gehört. Er wusste, dass er Hannahs Wunsch erfüllen konnte. Bastian und die Kinder würden in Berlin einen sicheren Hafen vorfinden. Dafür war gesorgt. Doch was war mit den Lügen, den Vorurteilen, der Rufzerstörung? Gab es hier im Saal einen konkreten Gegner, einen, den er mittels seiner Transformationstechnik überzeugen konnte?

Doch alles, was Seb jetzt im Halbdunkel der Halle entdecken konnte, an dem Buffet, an dem sich die SPD-Mitarbeiter mit den Geladenen gemeinsam speisten, waren die vielen kleinen Geräte in den Händen der Menschen, die immer wieder kurz aus den Taschen gezogen wurden. In Sorge die nächste Meldung im Edathy-Skandal zu verpassen und nicht mitreden zu können, sah jeder auf seine Presse-Favoriten. Ab und zu zeigte man sich eine neue Nachricht und tauschte sich kurz aus.

Der Seraph verstand in diesem Moment, was Metatron mit der körperlosen Neulösung für die Menschen gemeint hatte. Auch die hier anwesenden Politiker und Gäste liebten ihre kleinen Geräte über alle Maßen. Die Neugierde der Medienkonsumenten arbeitete wie ein Lauffeuer. Der Mitteilungszwang jedes Einzelnen konnte eine Lawine an Reaktionen lostreten. Jede noch so ausgefeilte Strategie im politischen Kampf wurde mit einem Kommunikationskrieg initiiert. Diese Runde war gegen den SPD-Politiker Edathy geführt worden. Gründe dafür gab es genug. Seb hatte genug gesehen.

Als Seb sich kurz darauf mit seinen Schwingen über das nächtliche Berlin erhob, um auf Metatrons Weisung hin in Richtung Mitte zu fliegen, musste er lächeln. Hannah rief nach ihm. Als er sich kurz an die Brust griff, in die Gegend seines Herzens, sandte ihm die Freundin einen Dankesgruß. Froh darüber, ihr Erdenleben endgültig hinter sich zu haben, kitzelte sie fröhlich seine linke Herzkammer und versprach, nach Berlin zu kommen, falls die Himmlischen es ihr gestatten würden.

Der Seraph genoss den Moment ihrer Zwiesprache, als er sich für einen Moment neben der Goldelse auf der Siegessäule niederließ und über das nächtliche Berlin blickte. Er liebte Hannah. Zum einen war sie eine zuverlässige Trägerin der Botschaft gewesen. Oft waren es ältere Frauen wie Hannah, die geduldigen Bewahrerinnen eines heiligen Wissens, welches den jungen Menschen nicht mehr zugänglich war, die in unruhigen Zeiten stabilisierend wirkten. Auch diese Stabilisierung durch Liebe war Teil des großen Plans, der Neulösung für die Menschen, die in bester Absicht angestrebt wurde.

Unter dem Seraph fuhren die Autos fröhlich von West nach Ost und umgekehrt, als sei es immer schon so gewesen. Vergessen war die Mauer der Trennung, das Leid der Jahrzehnte einer gewaltsam geteilten Stadt. Doch war wirklich alles wieder gut? Konnte ein Land, eine Stadt, ein Mensch seine Traumata so schnell vergessen? Waren die Wunden nicht zu tief eingegraben in Mauern, Wälder und menschliche Zellen?

An diesen Fragen arbeitete der Metatron nun bereits seit Jahrtausenden. Aus nicht bekannten Gründen litten die Menschen an Wiederholungszwang. Sie neigten zudem dazu, sich selbst und auch die Natur auf den ihnen geschenkten Planeten zu zerstören. Dabei litten viele von ihnen darunter! Sie litten unter dem Menschsein, das als Freude gedacht war. Jedoch gab es weltweit viele körperliche Nöte wie Hunger, Durst und Krankheiten. Dazu kamen die Emotionen, die Menschen oft Kummer bereiteten. All das konnte verhindert werden. Das Ziel der Neulösung: Keine Körper und keine Gefühle für die Menschen mehr. Im Programm Evolution 02 wollten die Himmlischen es laut Metatron besser machen. Geplant war eine menschliche Steuerung über die Verstandesebene. Schon heute besaßen viele der jüngeren Medienopfer keine feinen Gefühlsantennen mehr. Ihre Körper mutierten zur Nebensache. Das Gehirn diente als Zwischenlager und sie wurden ohne ihr Wissen bereits seit einigen Jahren neu formatiert. Das nächste Betriebssystem war fast fertig. Das Ziel der Neulösung war eine reine Lichtenergie, die Körper und Gefühle überflüssig machen würden. Evolution 02 war in jeder Hinsicht ein Fortschritt für die Menschheit. Die Forschung hatte ergeben, dass die Menschen glücklicher seien, wenn sie ihre Körper weniger stark empfanden und keine echten Gefühlserlebnisse mehr durchleben mussten, sondern an Spielsimulatoren Emotionen nachbilden konnten.

In den Testphasen wurden weltweit vor allem die Jungen an die neuen Geräte angeschlossen. In Ländern wie China waren junge Frauen sogar verhungert, während sie an ihren sozialen Netzwerken pausenlos kommunizierten, oft von der Liebe fabulierend, einem Relikt aus einer anderen Zeit. Erlebt hatten die Testpersonen lediglich Liebesspiele als Illusion. Die Liebe als ein flimmerndes Ballett der Synapsen, dem Nachklang eines Lebens, das so nie mehr stattfinden würde, nicht, wenn es nach den Plänen von Evolution 02 ging. Auch die Natur wurde zu einem heilenden Fantasieprodukt. Gegen Bezahlung per Gerät bekam man alles elektronisch serviert, was man sich leisten konnte.

Der Seraph wusste, dass diese Testreihen in China auch aus einer Notwendigkeit heraus entstanden waren. Er hatte zwischen der Südsee und seiner Rückkehr nach Berlin eine kleine Chinareise eingeschoben. Hart arbeitende Menschen trugen in den Megastädten auf dem Fahrrad Gasmasken auf dem Weg zum Arbeitsplatz und zu ihrer nächsten Krebstherapie. Therapien waren oft kostspielig und halfen nur selten effektiv gegen das große Sterben, das mittlerweile weltweit installiert worden war.

Der Fluch unseres Zeitgeistes! So nannten die älteren Seraphim diese keineswegs reibungslos verlaufende Transformationsstufe. Mittels der kleinen Geräte, die nunmehr gezielt immer kürzere Medienhäppchen servierten, die das Gehirn veränderten, sollte der Übergang erleichtert werden. Bis jetzt experimentierte man mit Sex, Horror, Humor, Entsetzen, Trauer, Freude und auch mit Liebesgefühlen. Alles funktionierte mit dem kleinen Gerät, vor allem bei den Jungen. Ehemalige Emotionen wurden zu quotenabhängigen Mutanten. Doch nicht alles war harmlos, denn noch brauchten die kleinen Geräte oft lebendige Menschen, um bestimmte Gefühle erzeugen zu können.

Seb stellte oben auf der Siegessäule sein Smartphone an den Rock der goldenen Else. Keineswegs wollte er das Signal des Metatron verpassen, der ihn auf die letzte Reise in dieser Nacht schicken würde. Eine Reise, die notwendig war, damit Bastian und die Kinder überleben würden. Gegen die Bombe war die jetzige Fernbedienung zu schwach. Seb würde sich persönlich bemühen müssen. Verrückt war, dass es sich bei dem Anschlag auf Juris Wagen, der die Kinder sicher nach Berlin bringen sollte, nicht um ein Versehen handelte. Hinter dem Anschlag steckten diejenigen, die mit Bastians Filmen über Jahre gutes Geld verdient hatten. Und der Grund des Anschlags lag auf der Hand. Bastian und auch Juri konnte gegen die Produzenten der Kinderpornos aussagen. Und Juri war dumm genug gewesen, damit zu drohen.

Seb hatte allerlei Recherchen betrieben, um hinter den verschiedenen Netzwerken der Kinderfilmpro-duzenten die Macher und auch weitere Geschädigte aufzuspüren. Einige der Spuren führten ihn auch nach Deutschland. Er traf Jakob aus Bayern, zwölf Jahre alt, der fast jede Nacht daran dachte sich umzu-bringen, weil er nicht mehr ertrug, was sie ihm seit nunmehr drei Jahren regelmäßig antaten. Die zwei Männer, aber vor allem auch die Frau, Vera, die sich als Jakobs Mutter ausgab, wenn er wieder einmal ins Krankenhaus musste. Das waren kalte Verbrecher, die in Jakob ihre monatliche Verdienstquelle sahen und ihn an diejenigen Kunden verkauften, die am besten bezahlten. Seraph sorgte dafür, dass diese Grausamkeit ein Ende hatte. Es gab einen Autoun-fall. Danach war Jakob frei.

Seraph dachte auch an Liz, erst acht Jahre alt, die sich nach der Begegnung mit dem Mann mit dem eisgrauen Haar und dem kalten Lächeln in Frankfurt aus dem zweiten Stockwerk gestürzt hatte. Sie hatte es hinter sich. Seraph hatte ihr einen guten Platz für ihre nächste Erdenzeit besorgt.

Und dann war da der Junge, den sie in Hamburg Floh nannten, weil er immer noch so klein wie ein Sechsjähriger war, obwohl er bereits elf Lenze zählte. Floh war einer der lebenden Toten, wie Seraph sie nannte. Irgendwann im zweiten Jahr seiner Tortur hatte seine Seele sich davongemacht. Seitdem gehörte Floh den Drogen seines Besitzers, eines brutalen Menschen, der leider Flohs Onkel war. Seinen Neffen benutzte er als Köder. Nein, nicht in Hamburg, sondern in Sachsen. Der Junge mit dem sanften Gesicht sprach für seinen Onkel Kinder an, lockte sie weg aus ihren Dörfern, weit genug, damit es keine Zeugen geben würde. Floh hatte drei Kinder in die Falle gelockt, die anschließend ins Ausland verkauft worden waren. Zwei davon lebten nicht mehr. Der Onkel hatte durch Seb einen Unfall. Mit Floh war der Mann über einen gefrorenen See gegangen, eingebrochen und konnte nicht gerettet werden. Floh war panisch weggelaufen, planlos umhergeirrt und durch Sebs Hilfe von der Polizei aufgegriffen worden, bevor er auf einer Parkbank erfroren wäre. Er lag derzeit mit Lungenentzündung in einem Kinderkrankenhaus, in dem man sich darüber wunderte, dass der Junge, der seinen Namen nicht sagen wollte, heroinsüchtig war.

Seb seufzte erneut, während der feine Nieselregen begann, sich feucht auf seinen Flügeln auszubreiten. Ihm wurde langsam kalt oder vielleicht war es auch ein Anflug von Reue, den er empfand. Bei seiner Recherchearbeit zur Kinderpornographie konnte er nicht anders, als einzugreifen, obwohl er von Metatron keine Befugnis erhalten hatte.

Nein, nein, das war alles in Ordnung. Das hast du gut gemacht. Und jetzt zu Bastian! Die Bombe. Es wird Zeit.

Metatron sprach durch das Smartphone. Doch Seb hörte noch eine zweite Stimme, die er unter tausend anderen Stimmen erkennen würde.

Pass gut auf, ja? Kommt mir bloß alle gesund in mein Berlin.

Hannah war bei Metatron! Seb verkniff sich eine Bemerkung, die sein Erstaunen verraten hätte. Jedoch dachte er sich seinen Teil, als er seine Schwingen schüttelte, das feuchte Nasskalt abstreifte und mit Hochgeschwindigkeit gen Osten flog.

Ostukraine: 10. Februar 2015. 04 Uhr 17 Minuten

Bastian stieg mit den fünf verschlafenen Kindern in Juris Taxi, wie sein Freund das eroberte Gefährt liebevoll tituliert hatte. Juri war bereits Mitte zwanzig und trug eine Art Kampfuniform. Stolz zeigte er Bastian seine Kalaschnikow, die auf dem Beifahrersitz lag. Bastian nickte abwesend. Juri wuschelte dem erschöpften Bastian mitfühlend durch die Haare.

»He, deine Baba hat es hinter sich. Alles gut, Mann …«

»Klar. Alles gut. Cooles Gewehr …«

Der Junge wollte ablenken. In Wirklichkeit hasste Bastian russische Waffen. Seine eigene Pistole war ein deutsches Modell, eine alte Walther. Juri legte seinem Freund mitfühlend den Arm um die Schulter.

»Du kannst heulen, wenn es sein muss... «

»Quatsch keinen Blödsinn. Lass uns losfahren. Wir brauchen die Dunkelheit.«

Bastian verbarg seinen Schmerz vor Juri, indem er sich abwandte, und sah ein letztes Mal zurück, zu dem Ort, der lange Zeit das Zuhause seiner Familie gewesen war. Ihren Wohnblock konnte er nicht sehen, denn sie waren einige Kilometer weit entfernt, am Rand der Kleinstadt, in der Juri und seine Geschwister täglich zur Schule gegangen waren. Auch hier wurde geschossen und seit Tagen gekämpft. Tote Zivilisten lagen am Straßenrand. Das oberste Stockwerk eines Wohnblocks, an dem sie schnell vorbeifuhren, brannte lichterloh. Neben dem Geräusch der Gewehrsalven hörten sie einrollende Panzer.

Bastian nahm die Kalaschnikow auf den Schoß und verriegelte sicherheitshalber die Beifahrertür von innen.

»Fahren wir schneller, Juri. Ich habe ein schlechtes Gefühl. Siehst du den Wagen hinter uns? Es folgt uns jemand.«

»Das sind auch welche, die vor diesem Wahnsinn fliehen ... machen wir uns keine Sorgen, ja? Denken wir einfach, dass jetzt alles gut wird. Hören wir ein wenig Musik. Das ist gut für die Nerven, gut für die Laune ... und man könnte weinen, wenn man will, ohne dass andere es hören können.«

»Hör auf mit dem Blödsinn! «

Bastians Stimme klang gereizt. Seine Hand krampfte sich um den kleinen Rucksack, in dem er seine Habseligkeiten verstaut hatte, darunter den Rosenkranz, den er, wie Baba es ihm aufgetragen hatte, ihren kalt werdenden Händen entwunden hatte. Tränen waren nicht geflossen und würden nicht fließen. Bastian weinte schon lange nicht mehr, nicht, seitdem er ein Mann war.

Juri sah ihn neugierig von der Seite an.

»Immer noch ein gutes Berlin-Gefühl?«

»Ein Eins-A-Gefühl. Dort werden wir erwartet. Baba hat Freunde …«

»Platz für alle Kinder?«

»Hat Baba so gesagt.«

»Na, dann machen wir es, wie Baba es will …«

Die Fahrt war abenteuerlich; Juri fuhr den alten VW-Bus ohne Scheinwerferlicht durch die Nacht. Immer wieder musste er Schlaglöcher umfahren. Einmal entdeckten sie gerade noch rechtzeitig eine Straßensperre und bogen ab. Als sie an Bastians Schule vorbeikamen, lieferten sich dort Scharfschützen ein Stellungsgefecht. Eine Kugel streifte das Autodach. Die Kinder schrien auf.

»Schießen sie uns tot?«

»Nein. Aber eure Köpfe jetzt schön unten behalten, ja? Und hört auf die Musik. Das ist eine schöne Musik. Es ist Beethoven …«

»Nein, es ist Dvořák – Aus der Neuen Welt.«

»Klugscheißerin!«

»Angeber-Affe!«

Bastian drehte sich zu den Kleinen um. Fest aneinandergekuschelt saßen sie auf den beiden Rückbänken. Bastians Schwester Mika, die ihn einen Angeber genannt hatte, versuchte ein tapferes Lächeln. Benjamin, mit seinen knapp fünf Jahren der jüngste Schützling, sah seinen großen Bruder entsetzt an. Sie waren soeben durch ein Schlagloch gefahren, das die Kinder von der Bank hochschleuderte.

»Juri muss das Licht anmachen.«

»Das macht Juri auch, sobald es sicher ist. Der Wagen hinter uns fährt auch im Dunkeln …«

Tatsächlich folgte ihrem Bus immer noch ein unauffälliger Kleinwagen, was Juri nicht weiter beunruhigte. Bastian jedoch machte sich Sorgen. Nicht alle Kinder, die ihm anvertraut waren, waren Waisen, so wie er und seine Geschwister. Bei dem sechsjährigen Zwillingspaar, die Kinder einer Kollegin seiner Mutter, war die Flucht eine Vorsichtsmaßnahme. Es war ebenfalls eine jüdische Familie. Die Zwillinge Leah und Esther waren Freunde von Mika. Der Vater und die Mutter waren beide Ärzte, die von den Separatisten zum Dauereinsatz gezwungen wurden. Niemand wusste, wohin man sie gebracht hatte. Freunde der Familie wollten verhindern, dass die Kinder womöglich als Geiseln benutzt würden, um die Eltern zu erpressen. Bastian hatte vor paar Tagen einen Anruf bekommen, dass er Leah und Esther mit nach Berlin nehmen sollte. Und dann war da noch Elias, der allein bei seinem Vater gelebt hatte, in Benjamins Kindergarten ging und mit seinem Rucksack bei ihnen in der Wohnung aufgetaucht war. Ein kurzer Brief und einige beigelegte Geldscheine verwiesen auf eine Tante von Elias in Berlin, die es jedoch

nicht geben würde. In Babas Augen hatten Tränen
gestanden. Elias' Vater würde in den Untergrund
gehen, wie sie wusste. Vielleicht würde er überleben, vielleicht seinen Sohn in Berlin abholen. Wer
konnte das schon wissen. Der Krieg in der Ukraine
konnte Jahre dauern, so zumindest wurde die Lage
eingeschätzt. Wie hatte Baba gesagt:

*Du machst das schon, mein Bastian, du bringst
alle Kinder in mein Berlin, ja? Dort wird man für euch
sorgen, wird auch aufnehmen und beschützen. Ich habe es
geträumt …*

»Gibt es bald etwas zu essen?«

Mika stellte die Frage nicht zum ersten Mal. Bastian öffnete seinen Rucksack, teilte die Kekse gerecht
auf und hörte, wie die Kinder sich gegenseitig ihre
Lieblingsgerichte zuflüsterten, während sie sich die
letzten Brösel teilten.

»Ich hab noch mehr Hunger …«

»Schlaf, Mika. Morgen gibt es etwas zu essen.«

Während es auf der Rückbank ruhiger wurde, sah
Bastian aus dem Fenster in die dunkle Nacht. Bald
würde der Morgen grauen. Am Horizont sah er eine
weitere kleine Stadt brennen.

Juri drehte die Musik im Radio leise, damit die
Kinder leichter einschlafen konnten. Dann flüsterte
er Bastian zu:

»Die Monatsabrechnung aus Kanada ist
gekommen.«

»Wie viel dieses Mal?«

»Dreizehnhundert Dollar … satte Sache. Du bist
immer noch der Star, Bastian. Ich meine, wir könnten

weiterarbeiten, wenn es sein muss. Oder aber ... ich ziehe die Schraube noch fester an.«

»Ich bin jetzt zu alt für den Markt, Juri. Und was soll das heißen, dass eine Schraube angezogen wird ...«

»Na, bei den Pornofilmproduzenten. Ich habe denen schon gesagt, dass wir in Berlin bei der Polizei auspacken, wenn die unsere Prozente nicht erhöhen! Und da haben die gleich ein paar Scheine draufgelegt ... da geht was, Mann!«

Bastian beantwortete diese Dreistigkeit nicht, sondern richtete still den Lauf der Kalaschnikow auf Juri. Seine Augen brannten vor Wut.

»Du hast die Produzenten bedroht? Ihnen gesagt, dass wir sie dranhängen werden ... Mann, das ist ein Millionengeschäft, eine Mafia, ein krimineller Haufen, der keinen Spaß versteht!«

Genau in diesem Moment wurde der Bus von dem Kleinwagen überholt, der ebenfalls ohne Licht über die Landstraße fuhr. Bastian sah, wie etwas aus dem Auto geworfen wurde, hörte ein metallenes Schlagen auf Asphalt. Und dann hörte und sah er nichts mehr – außer einem grellweißen Blitz.

Der Seraph Seb war nie zuvor in der Ostukraine gewesen. Es war sein erster und letzter Einsatz hier, wie er hoffte, denn so einen VW-Bus in die Luft zu heben, um ihn vor einer Granate zu retten, war nicht leicht. Ebenfalls schwer war es, nicht nur die beiden Männer in dem Kleinwagen, sondern auch sämtliche Hintermänner zu eliminieren, die für Bastian gefährlich werden konnten. Und dann musste er alle Filme transformieren, in den Bastian zu sehen gewesen war. Diese Filme implodierten einfach und verschwanden als beschädigte Ware aus dem Internet.

Der weißblonde Glücksbringer war verschwunden, sogar aus all den Männergehirnen, die über Jahre für genau dieses Kind so ansehnliche Summen bezahlt hatten.

All das hatte Seb in einer einzigen Nacht vollbracht.

Im Morgengrauen sah er jetzt dem VW-Bus hinterher, der sich aus der vereisten Grasnarbe am Straßenrand herausarbeitete, während Juri und Bastian sich darüber uneins waren, wie sie überhaupt beide gleichzeitig hatten einschlafen können. Denn wie sonst war der Bus am Straßenrand zum Stehen gekommen?

Das Licht der aufgehenden Sonne glitzerte rosagolden über der Steppe, während der Bus hinter einer Biegung verschwand, an der ein dichter Wald begann, bestäubt vom nächtlichen Frost. Seb ließ seinen Blick über die winterliche Natur vor ihm schweifen. Die Ostukraine war ein beeindruckend schönes Land.

Knapp zwei Wochen später, an einem sonnigen Tag, der den wintermüden Berlinern mit milden Temperaturen den Frühling ankündigte, warte der Seraph zum verabredeten Zeitpunkt am Neptunbrunnen.

Fast ein wenig vergnügt betrachtete er den schwarzen Rand unter den Fingernägeln seiner Hände.

Vereinzelte Erdkrumen hingen auch in Hannahs wilden Haaren. Gemeinsam hatten sie zum ersten Mal im Schlossgarten ihres neuen gemeinsamen Domizils gearbeitet. Hannah hob eine Tageszeitung hoch.

»Willste wissen, wie es mit Sebastian Edathy weitergeht? Soll ick vorlesen? Aus der SZ?«

Hannah machte Anstalten, dem Seraph den Anfang eines SZ-Artikels von Heribert Prantl vorzulesen. Der renommierte Journalist der Süddeutschen Zeitung war einer der langjährigen Medienleitwölfe, den sie gemeinsam besucht hatten, seitdem der Seraph im Willy-Brandt-Haus begriffen hatte, wer wen in diesem Land an der kurzen Leine durch die Manege führte.

Die Idee, das Medienklima in Deutschland ganz einfach in ihrem Sinne zu beeinflussen, war von Hannah gekommen. Der Metatron hatte zugestimmt. Weniger begeistert war der oberste Schriftführer der Seraphim von der Liebesaffäre, die Hannah mit Seb begonnen hatte. Seitdem Hannah jedoch bei den Berliner Engeln als Teilzeit-Formwandlerin angeheuert hatte, zunächst als feste Freie, war sie Metatron nicht mehr direkt unterstellt. Jetzt räusperte sie sich.

»Es geht los. Ick lese! Aber nur die juten Stellen ... hier schreibt Herr Prantl in seinem Artikel in der SZ-Online am 22. Februar 2015: Es ist dies eine Verhandlung, die es eigentlich gar nicht geben dürfte – weil erstens die Ermittlungen auf suspekte Weise geführt wurden und weil zweitens die Strafe gegen den Angeklagten schon vor Verhandlungsbeginn verhängt und vollstreckt wurde. Es ist eine Strafe, die im Strafgesetzbuch gar nicht vorgesehen ist. Sie heißt: allgemeine Verdammnis, Ausschluss aus der Gesellschaft und öffentliche Beschämung. Die Strafe, die Edathy vor Gericht zu erwarten hat, wird vergleichsweise lächerlich sein …«

Seb nickte zufrieden. Sollte es ebenso leicht sein, weitere Medienflüstertüten zu beeinflussen, war seine Mission erfüllt.

Hannah wies quer über den Alexanderplatz.

»Sieh' mal, da drüben sind sie! Mein Bastian sieht blass aus. Sind sie das? Sind das Henning und Sebastian, die gerade auf die Kinder zugehen?«

Seb nickte. Das Timing stimmte auf die Sekunde. Henning und Sebastian gingen nebeneinander, trugen ihre Sonnenbrillen und schienen keine Ahnung zu haben, was für ein Glück nur wenige Meter vor ihnen auf sie wartete. Sie unterhielten sich. Hannah sah fasziniert zu dem Männerpaar.

»Sie sehen nett aus. Doch was reden sie?«

Ungeduldig streckte sie ihre Hand nach seinem Smartphone aus und schaltete auf Abhören. Sebastian klang aufgebracht.

»Erzähl mir nicht, dass in der SPD nicht zumindest hinter geschlossenen Türen überlegt wird, womit der Ostukraine am besten geholfen wäre … Ich meine, was ist mit den Kindern?«

Hannah sah zu ihrem Enkel Bastian hin. Jetzt, jetzt war der alles entscheidende Moment gekommen.

Elias, dem Benjamin gerade einen Ball zuwerfen wollte, war unaufmerksam. Der Ball rollte Henning und Sebastian genau vor die Füße. Henning hob den Ball auf und warf ihn zunächst spielerisch hoch.

»Fang, Sebastian!«

Bastians Herz begann aufgeregt zu klopfen. Konnte es wirklich wahr sein? Mit jedem Tag hatte Bastian sich dringender erhofft, dass es diese Eltern in Berlin, von dem Baba ihm erzählt hatte, wirklich geben würde. Juri musste zurück in die Ukraine. Seine Familie brauchte ihn. Bastian war jetzt alleine mit den Kindern und fühlte sich überfordert. Ein Engel würde Erwachsene für sie finden, die sich kümmern würden. Eine dieser Erwachsenen würde Sebastian heißen, so wie er. An dem Engel würden sie erkennen, ob sie sicher angekommen sind. So hatte Baba es gesagt. Und falls das dieser Sebastian sein sollte, so musste es jetzt schnell gehen. Die Männer hatten Elias den Ball bereits zurückgegeben und waren dabei weiterzugehen.

Schnell beugte sich Bastian zu seinem kleinen Bruder.

»Siehst du irgendwo einen Engel?«

Benjamin sah sich auf dem Alexanderplatz um. Dann zeigte er auf den Neptunbrunnen und nickte.

»Da drüben steht ein sehr großer Engel – mit Baba.«

Das ließ Bastian sich nicht zweimal sagen. Mit Benjamin, Elias, Mika, Leah und Esther an der Seite lief er den beiden Männern hinterher.

»Heißen Sie wirklich Sebastian?«

Dies war der sehnlich erwartete Moment, in dem der Seraph Seb die restlichen Buchstaben seines

Namens von Metatron zurückbekam: a s t i a n. Zur Belohnung für überwundene Träg- und Feigheit.

All diejenigen, die wie ich an ein glückliches Ende glauben wollen, weil sie tagtäglich versuchen, gegen Windmühlen zu kämpfen, wissen, dass Bastian, seinen Geschwistern und all den anderen Kindern und Jugendlichen in Kriegsgebieten dringend geholfen werden muss. Gemeinsam verfügen wir über die Kräfte, diese Welt in einen friedlicheren und sichereren Ort für Kinder zu verwandeln.

Innigen Dank an GO

Happy End im Schwäbischen

gabriele kosack

Werner Treitschke stand da, schaute sich um. Erkannte in den bizarren Trümmerformationen die Reste der Müllerstraße. Im Herzen des Wedding. Welch eine Ironie, dachte er, dass er, ehemals Kommissar und damit automatisch ab '38 Mitglied der Gestapo, ausgerechnet im roten Wedding Hilfe suchen musste. Aber die Ironie half ihm auch nicht weiter. Er brauchte diesen LKW. Und die Stammkneipe des Kerls, den er um Rat fragen musste, befand sich ganz in der Nähe. Falls das Haus noch stand ...

Bisher waren Versuche, an einen LKW zu gelangen, kläglich gescheitert. Auf dem Schwarzmarkt war nichts zu holen; Leute, die solche Geschäfte machten, konnte Werner nicht mit dem Polizistentrick reinlegen: Sich ein gutgläubiges Opfer ausgucken, mit Verhaftung und Vorführung bei den Besatzern drohen und dann »ein Auge zudrücken« – die Erwischten überschlugen sich vor Dankbarkeit, was sich erfreulicherweise nicht nur in warmen Worten, sondern auch in höchst konkreten Gaben von Lebensmitteln und anderen notwendigen Alltagsgegenständen äußerte.

Wie seine geliebten Salmiakpastillen – oder jene eben gerade nicht: Aus irgendeiner gnädig-lässigen Laune des Schicksals heraus ließ sich in den ersten Nachkriegswochen in der zerstörten Reichshauptstadt zwar so gut wie alles auftreiben, nur Salmiakpastillen nicht. Weswegen Werner gezwungen war, auf abscheuliche Veilchenbonbons auszuweichen, deren Geschmack ihn unangenehm an seine besitzergreifende Großtante Elsa erinnerte, die ihn immer in die Wangen gekniffen hatte, sogar schon, als er dem Alter großtantiger Berührungen längst entwachsen gewesen war. Nun besaß er noch eine einzige kostbare Pastille in einem zerbeulten Döschen, das er wie ein Schatzkästchen stets bei sich trug.

Doch auch die Anwendung des Polizistentricks und damit seine kleine »Beschaffungskriminalität« wurde immer schwieriger. Die Leute kannten ihn mittlerweile, wichen ihm aus. Oder ließen ihn einfach stehen. Werner musste, um sich zu ernähren, immer weiter quer durch die zerstörte, aber wieder erstaunlich lebendige Stadt marschieren, auf immer entferntere Schwarzmärkte zurückgreifen. Was Fritzi auf Marken bekam, reichte kaum für einen; und die Schwerstarbeiterzulage der Trümmerfrauen würde Madame nie bekommen, Madame weigerte sich, auf die hustenstaubigen Trümmerberge zu steigen, Eimer anzureichen und sich die cremig gepflegten Hände aufzureißen, obwohl sie dank der bis kurz vor Kriegsende funktionierenden Beziehungen ihres verschollenen Göttergatten, des Herrn Kriminalrats Lehmann, Werners ehemaligem Vorgesetzten, noch gut im Futter und für diese Sisyphusarbeit geeigneter gewesen wäre als so manche verhärmte Mutter, die sich abplagte, um ihre Kinder durchzubringen.

An einen LKW kam man ergo auf keinem Schwarz-markt ran. Er hatte bereits versucht, einen zu stehlen. Einen Laster der Alliierten, ein deutscher wäre sinn-los gewesen. So etwas existierte zwar durchaus: Transporter in deutscher Hand. Doch für diese LKW erhielt man keinen Treibstoff mehr. Die fuhren mit Holzvergaser. Bis Werner jedoch einen Holzvergaser angeheizt und der genügend Druck aufgebaut hatte, dass man damit hätte losfahren können, wäre er längst erwischt worden. Nein, es musste schon ein Fahrzeug der Alliierten sein. Aber die wurden scharf bewacht.

Stundenlang war Werner durch die Straßen gestreift und hatte nach einer Möglichkeit, einer Idee, einer Eingebung gesucht. Zunehmend hoffnungslos, zunehmend verzagt, da er keine fand. Einmal hatte er gedacht, er könnte es schaffen, als er mehrere eng-lische LKW am Straßenrand sah; die Soldaten, die sie dort abgestellt hatten, spielten auf einem Sportplatz in der Nähe Fußball. Aber sie hatten die Kurbeln mitgenommen, sodass er die Wagen nicht anwerfen konnte. Wobei ohnehin die Frage blieb, ob er mit einem rechts gesteuerten Fahrzeug zurechtkommen würde. Ein amerikanischer Laster wäre mir lieber, dachte Werner und lächelte grimmig. Als hätte er die Wahl: Ich nehme dieses Modell, bitte. In Schwarz, nicht in Olivgrün.

Irgendwann setzte Werner sich in ein Lokal, investierte die Zigarette, die er Fritzi abgeluchst hatte, in ein paar Bier; sie hielt ihn knapp, die Süße, geizte mit Reizen und Reizendem, wusste genau,

wie sie ihn unter Druck setzen konnte, damit er endlich mit dem geforderten, erschmeichelten, in ihren
tiefseedunklen Augen so dringend benötigten LKW
vor ihrer Gründerzeitvilla in Mahlsdorf vorfuhr, in
einer von den Endkämpfen verschonten, vorstadt-
dörflichen Straße, wo man sich fast in Friedenszeiten
zurückversetzt fühlte. Spielte gedankenverloren mit
dem Salmiakpastillendöschen in seiner Tasche und
versuchte, alles zu vergessen. Alles noch einmal
ganz neu zu denken. Hatte Lehmann im Ohr, der –
wenn sie mit den Ermittlungen feststeckten – auf den
Besprechungen immer gesagt hatte: »Machen wir
nicht denselben Fehler wie die Fliegen. Sie wissen
schon, immer wieder knallen sie gegen die Scheibe
und merken dabei nicht, dass der andere Flügel des
Fensters weit offen steht. Also, setzen wir uns in
Ruhe hin und schauen, woher der Wind weht. Damit
wir wissen, wo ein Fenster offen ist.« Aber Werner
spürte keinen Luftzug. Fand keinen Ausweg.

Dann hielt er plötzlich die Zeitung in der Hand.
Hatte mechanisch danach gegriffen, ein Mann
musste sie am Nachbartisch liegen lassen haben. Im
Grunde war es ihm vollkommen gleichgültig, was
in der Welt vorging. Außerdem, was wirklich wichtig war, stand sowieso nicht darin. Dennoch las er.
Und plötzlich sprang sie ihn an, die Nachricht, dass
in Hoppegarten ab Sonntag wieder Galopprennen
stattfanden. Plötzlich war sie da, die Idee. Und weil
morgen Sonntag war, marschierte er sofort los. In den
Wedding, zu besagter Stammkneipe – der erste mög-
liche Anhaltspunkt, der ihm einfiel. Die kleine Notiz

bedeutete Hoffnung. Hoffnung, mit der Werner nicht mehr gerechnet hatte.

Einen größeren Pferdenarren als Gustav Reuter, genannt Hoppe-Reuter, konnte Werner sich nicht vorstellen. Wenn Reuter also noch lebte, wenn Reuter in Berlin war, musste Werner ihn um jeden Preis finden. Denn Reuter, diesen kräftigen, muskulösen Mann mit rundem Mondgesicht, strahlenden blauen Augen und einem kaum zu bändigenden roten Haarschopf, den brauchte er. Jenen Gustav Reuter, der vor dem Krieg – natürlich vor dem Krieg, im Krieg wäre so etwas nicht mehr denkbar gewesen – die Staatsoper Unter den Linden zum Gespött der ganzen Stadt gemacht hatte, indem er einen Konzertflügel stahl. Einen kompletten, nigelnagelneuen Bechstein.

Den, was Reuter irgendwie erfahren haben musste, die Oper gerade erst für teuer Geld erworben hatte. Ein paar Tage später war er frühmorgens, bevor die Künstler ins Haus schwirrten, mit einem LKW und zwei Kumpanen beim Pförtner erschienen und hatte behauptet, von der Firma Bechstein zu kommen. Sie sollten den Flügel wieder abholen, irgendetwas sei damit nicht in Ordnung. Der technische Direktor und der Bühnenmeister wussten nichts von der Sache, aber sie glaubten Reuter.

Fragten gar nicht nach einer Auftragsbestätigung oder irgendeinem anderen Stück Papier. Reuter und seine Jungs trugen Kittel mit einer aufgestickten Krone, dem Emblem der Firma Bechstein. Und sie ließen auch sonst nicht die Spur von Zweifel an der Rechtmäßigkeit ihres Unterfangens aufkommen.

Also wies der Bühnenmeister seine Arbeiter an, Reuter beim Verladen des Flügels zu helfen. Der schloss die Klappe, der LKW fuhr davon und das Instrument verschwand auf Nimmerwiedersehen.

Werner war seinerzeit sofort klar gewesen: Für so einen Coup brachte nur einer den nötigen Mut, den nötigen Witz auf, die nötige Chuzpe – allerdings war das ein jiddisches Wort, welches sie nicht mehr benutzen durften. Solch eine Frechheit war nur einem zuzutrauen: Hoppe-Reuter, dem Zocker. Aber so sehr er sich auch bemüht hatte, er hatte ihm den Raub nicht nachweisen können. So blieb Werner nichts anderes übrig, als ihn wieder aus der Untersuchungshaft zu entlassen. Doch Reuters Feixen, als er mit keck erhobenem Haupt aus dem Gefängnis marschierte, sprach Bände.

Später, nachdem er in die Prinz-Albrecht-Straße versetzt worden war, hatte Werner nur noch selten etwas von Reuter gehört. Irgendwann war er mal bei Lebensmittel-Schiebereien einem hohen SS-Offizier in die Quere gekommen und hatte untertauchen müssen. Aber verhaftet oder eingezogen wurde Reuter nach Werners Wissen nie. Und wenn jemand einen LKW auftreiben konnte, dann Reuter.

Natürlich stand das Haus, das seine Stammkneipe beherbergt hatte, nicht mehr. Werner ärgerte sich über sich selbst, über die sinnlos verbrauchten Kräfte und abgelaufenen Schuhsohlen, die ohnehin schon ans Papierdünne grenzten. Der durch sein eigenen Geistesblitz ausgelöste, unvermittelte Hoffnungsschimmer hatte ein Begeisterungsfeuer entfacht, dessen Rauch ihm das Hirn vernebelte. Denn wenn seine Theorie stimmte, gab es tatsächlich nur eine reelle Chance, Reuter ohne große Umwege zu finden. In Hoppegarten, bei den Rennen. Er hätte wirklich gleich darauf kommen können!

Die Sonne ging bereits unter. Sinnlos und auch gefährlich, sich jetzt noch nach Mahlsdorf aufzumachen, diagonal quer durchs zerstörte Berlin. Abgesehen davon, dass Fritzi ihm möglicherweise ohnehin wieder einmal die Tür vor der Nase zuschlagen würde, weil ... Nun, einen Grund brauchte Fritzi nicht, Fritzi tat, was sie wollte, wann sie es wollte. Wenn es das Wort kapriziös nicht gegeben hätte – für Fritzi hätte es erfunden werden müssen.

Ach Fritzi, seufzte Werner im Stillen, während er sich nach einem geschützten Platz in den Ruinen umschaute, wo er für diese Nacht unterkriechen konnte. Nicht zum ersten Mal, seine Odysseen hatten ihn bereits mehrfach dazu gezwungen. Fritzi, Fritzi, Fritzi ... Er war ihr verfallen gewesen, seit er sie das erste Mal bei einer Weihnachtsfeier in der Dienststelle gesehen hatte, Dezember '38; er erinnerte sich, als wäre es heute, sechseinhalb Jahre – verzehrende, aufregende Kriegsjahre – und ein paar fragile, kaum glaubliche Friedenswochen später.

Warum nur hatte Lehmann seine frisch angetraute junge Ehefrau mitgebracht? Und warum musste sie ausgerechnet aussehen wie Pola Negri? Schon als Jugendlichem war Werner bei ihrem Anblick auf der flimmernden Stummfilmleinwand heiß ums Herz und zittrig in den Lenden geworden. Er hätte alles für sie getan, buchstäblich alles! Und plötzlich stand sie leibhaftig vor ihm: in der Inkarnation von Frau Kriminalrätin Friederike Lehmann – »Fritzi, nennen Sie mich Fritzi«, hatte sie Werner, zusammen mit ihrer elegant ausgestreckten Hand, entgegengehaucht. Und es war um ihn geschehen.

Noch vor Silvester hatte ihre Liebschaft begonnen. Und sich in einen aufregenden Frühling, einen lustvollen Sommer ergossen. Werner konnte sein Glück kaum fassen. Er, der revierbekannte Hagestolz, der zurückhaltende Einzelgänger, der Polizist aus beinah inniger Überzeugung, der sich aus ärmlichen, halbkriminellen Verhältnissen im tiefsten »Miljö« herausgeschuftet hatte – und für sonderlich gutaussehend hielt er sich wahrhaftig auch nicht -, war von der Doppelgängerin seiner Leinwandgöttin nicht nur erhört worden, nein: Sie hatte ihn verführt, sich einfach genommen, Widerstand, Widerspruch zwecklos. Wobei er ihr ohnehin bis heute nicht widerstehen konnte. Widersprechen ja, gelegentlich. Und immer noch zwecklos.

Wie oft hatte er Angst gehabt, dass Lehmann – der Vorgesetzte, der ihn gefördert, den Werner geschätzt, regelrecht verehrt hatte, der wachsame, unbestechliche Kriminalist – hinter die Affäre kommen würde … Wie heftig hatten Gewissensbisse ihn gepeinigt, sodass er mehrere Male kurz davor stand, nicht nur die Affäre zu beenden, nein, sich selbst und die Kollegen zu bezichtigen, mit denen Fritzi, milde ausgedrückt, herumturtelte. Sie war geschickt, raffiniert, das musste man ihr lassen – Lehmann, Spitzname

Scharfauge, selbst wirkte vollkommen ahnungslos; doch gleichzeitig konnte sie es sich nicht verkneifen, mit ihren Eroberungen herumzuprahlen. Vor Werner und – er war davon überzeugt – den Kollegen, mit denen er sie sich teilen musste. Seinen Vorwürfen begegnete sie mit ihrem perlenden, geradezu unerträglich selbstbewussten und freimütigen Lachen: Wollte er ihr tatsächlich verbieten, ihren Spaß zu haben? Denn ihr Gemahl bot ihr zwar materielle Annehmlichkeiten, aber ansonsten … Vielsagend zog sie dann die Augenbrauen hoch und Werner mit sich zum Bett. Und wieder einmal war er ihr rettungslos ausgeliefert. Verfallen, hörig. Ohnmächtig.

Dieses lustvoll quälende Spiel dauerte den ganzen Krieg hindurch an, bis Werner noch in den letzten Monaten zum Volkssturm eingezogen wurde. Sinnloses Sterben miterlebte, das ihm immer nur noch sinnloser, nur noch überflüssiger und absurder erschien.

Sodass er fast dankbar gewesen war, als er Anfang Mai von einer der ersten amerikanischen Einheiten, die den alles überrollenden Russen gen Berlin entgegenzogen, aufgegriffen und verhaftet worden war; der kleine Trupp, den er befehligte, hatte sich längst aufgelöst. Verhaftet, nicht umweglos ins Kriegsgefangenenlager gesteckt. Sondern erstaunlicherweise in ein ganz normales Haus. Er war nicht der einzige. Zu dritt, zu viert hockten sie da fest, allesamt niederrangige Offiziere; in abgeschlossenen Räumen zwar, vor den Fenstern gab es indes nicht einmal Gitter. Gut, die Räume lagen im ersten, im zweiten Stock, und dennoch: Wer türmen wollte, hätte leichtes Spiel; auch die Wachen erschienen merkwürdig lax.

Man munkelte, jemand wolle mit ihnen sprechen, ihnen »Vorschläge unterbreiten«. Irgendein hohes Tier, ein gewisser Lieutenant Bindelglas. Ein Jude. Natürlich. Genaues konnte keiner von ihnen verstehen, keiner sprach genug Englisch.

Doch Werner verstand genug. Auf die »Vorschläge« eines amerikanischen Juden mit deutschem Nachnamen zu warten, erschien ihm leichtsinnig. Und genauso sinnlos wie alles, was in den letzten Tagen, Wochen, Monaten, Jahren geschehen war. Was sollte davon schon Gutes kommen? Deshalb stieß er nicht in dasselbe Horn wie seine Mitgefangenen, die sich mit vollkommen irrwitzigen Hoffnungen auf diesen Bindelglas in lindernde Abgestumpftheit hineinwarteten, sondern überwand eines Frühlingabends seine Angst und die paar Meter, die ihn von dem gestampften, zerstörten Erdboden vor seinem Fenster trennten, und entschlüpfte in die Dämmerung.

Ohne nachzudenken, wanderte er die ganze Nacht und noch einen Tag, bis er vor der Lehmann'schen Villa in Mahlsdorf anlangte. Ohne nachzudenken, was er dort eigentlich zu erwarten, zu erreichen hoffte. Und als er schließlich vor dem Haus stand, hätte er sich fast sofort wieder umgewandt und wäre weggegangen. Was dachte er sich bloß, was bildete er sich ein? Wie sollte er Lehmann erklären, warum er ausgerechnet bei ihm Zuflucht suchte? Lehmann, dem gegenüber Werner die Schuldgefühle nie ganz hatte überwinden können, bei dem er nie ganz durchschaut hatte, ob er ihn nicht vielleicht doch längst verdächtigte, der Liebhaber seiner viel zu schönen, viel zu jungen Frau zu sein, ein ganz übler Herzensverräter … Da konnte Fritzi ihn noch so auslachen und als Memme beschimpfen.

Aber Werner hatte Glück. Der Mann, dem er jahrelang Hörner aufgesetzt hatte, dem er kaum in die Augen schauen konnte – er würde es nie mehr tun müssen. Lehmann war in den letzten Kriegstagen gefallen. Und Fritzi stürzte sich wie eine gütige Harpyie auf ihn. Mitnichten, um ihn zu zerfetzen und zu verschlingen. Nein, sie sprudelte über vor ausgelassener Aufgeregtheit, als er plötzlich vorsichtig ans Küchenfenster geklopft hatte. Zog ihn ins Haus, bedeckte ihn mit Küssen, servierte ihm Ersatzkaffee. Und er gab sich mit Wonne der Illusion hin, ihre Freude sei echt.

Vielleicht war sie das sogar. Es spielte keine Rolle. Denn Fritzi liebte nur, wer ihr nützte. Sie brauchte einen LKW. Sie bestand auf einem LKW. Denn sie hatte – genau wie Werner in jenem lächerlichen, läppischen Karzerhaus – schnell begriffen: Wenn man rasch und entschlossen genug handelte, konnte man sich aus der zerbombten Reichshauptstadt absetzen. Möglichst weit weg von den Russen, den neuen Herrschern im Osten.

Fritzi wollte zurück in ihre alte Heimat, ins Schwäbische, zu ihrer Schwester Thekla, die das elterliche Gut bewirtschaftete. Vermutlich inzwischen allein, ohne Ehemann, die Frauen taten ja nun alles allein. Überleben, arbeiten, lieben, entscheiden …

Aber Fritzi wollte nicht ohne ihre schönen Dinge fort. Das Familiensilber, die schweren alten Möbel, die Gemälde, Uhren, die feinen Porzellanservices, das Cembalo, die Pelze, Schuhe, Kleider, die sie gewitzt durch den Krieg gerettet hatte. Da konnte Werner ihr noch so oft erklären, sie solle zufrieden sein, wenn sie sich selbst heil ins Schwäbische brächte. Er würde sie natürlich gern begleiten, beschützen. Aber warum den ganzen Ballast mitschleppen? Viel zu gefährlich, viel zu beschwerlich. Viel zu unzeitgemäß. War es nicht höchste Zeit für einen Neuanfang? Tabula rasa, »Amerika macht alles neu«, wie ihm ein GI in gebrochenem Deutsch erklärt hatte, als er Werner bei seiner Einlieferung ins Gefängnishaus alles außer dem, was er am Leib trug, abnahm. Werner sehnte sich nach einem Neuanfang. Am liebsten mit Fritzi. Dann von ihm aus in Gottes Namen sogar im Schwäbischen.

Er könne sie gerne begleiten, so Fritzis Antwort. Immerhin. Das war mehr, als Werner zu hoffen gewagt hatte. Aber nur, wenn er ihr einen Umzugswagen besorgte, einen möglichst großen. Sowie Passierscheine.

Deshalb brauchte Werner einen LKW.

Und endlich führte seine Intuition ihn nun doch glücklich an den richtigen Ort: Nach einem langen Marsch mit knurrendem Magen traf Werner Sonntagmittag auf der Rennbahn in Hoppegarten ein und entdeckte Hoppe-Reuter tatsächlich bei den Wettschaltern. Er war abgemagert, die einst vor Kraft strotzenden Schultern hingen müde nach vorn; nur die Augen blitzten unternehmungslustig und verschmitzt wie eh und je. Reuter erkannte Werner sofort.

»Herr Kommissar, was meinen Sie: Goldfuchs oder Diana im dritten Rennen? Den Stuten ist heutzutage einiges zuzutrauen! Diana war stark bei ihren letzten Rennen. Die waren allerdings '43. Und Vorsicht: Hier in Hoppegarten steigt die Zielgerade an. Da ist schon so mancher Gaul auf den letzten Metern eingebrochen.«

»Ich weiß nicht.« Reuter erwischte Werner auf dem falschen Fuß. »Von Pferden habe ich keine Ahnung.«

»Was wollen Sie dann hier? Die Zeiten, wo Sie mich verhaften konnten, sind doch wohl vorbei, oder?« Trotz seines erbärmlichen körperlichen Zustandes schaffte es Reuter, überlegen mit den Augen zu zwinkern. Was Werner auf die Palme brachte. Doch Reuter quasselte bereits weiter: »Ist doch kein Zufall, dass wir uns hier begegnen.« Er stupste Werner grinsend an und spekulierte: »Sie sind pleite und brauchen 'nen Tipp von jemandem, der ein bisschen hinter die Kulissen schaut?«

»Nein, nein, darum geht es nicht.« Werner entschloss sich, Reuter reinen Wein einzuschenken. »Können wir nicht irgendwo hingehen, wo nicht so viele Menschen …«

Reuter musterte Werner nachsichtig, wie einen ungezogenen Schüler. »In Ordnung, von mir aus. Aber erst nach den Rennen.«

Hoppe-Reuter lachte herzlich, als Werner – nach einer schier endlosen Zahl von Pferderennen, bei denen Werner sich entsetzlich langweilte, schließlich sogar einschlief – mit ihm in der ruhigen Dorfkneipe von Dahlwitz saß und ihm sein Vorhaben auseinandersetzte. Der Kommissar Treitschke überraschte ihn. Bisher hatte er ihn bloß für einen fleißigen, aber eher uninspirierten Hilfsarbeiter des Präsidiums am Alex gehalten, der es bloß durch bürokratisches Aussitzen irgendwann zwischen Machtergreifung und Einverleibung der Kripo in die Gestapo zum Kommissar gebracht hatte; doch schien einiges mehr in dem Mann zu stecken. »Sie wollen im Ernst mit mir die Flügel-Nummer von damals durchziehen? – Nur damit wir uns nicht falsch verstehen: Ich kenne sie auch nur aus der Zeitung.«

»Ach, kommen Sie, hören wir auf mit dem Versteckspielen. Heutzutage kriegt Sie kein Mensch mehr dafür dran. Der Flügel wäre sowieso weg. Entweder verbrannt. Oder die Russen hätten ihn gestohlen.«

»Oder irgendein Bonze hätte ihn sich rechtzeitig unter den Nagel gerissen.«

»Auch das. Also, Sie können es ruhig zugeben.«

»Und außerdem sind Sie ja kein Kriminaler mehr.«

»Nein, das bin ich nicht.«

Wie auch immer, einem Bullen gegenüber gab man grundsätzlich nichts zu, nicht einmal einem ehemaligen. Das war unklug. Und unklug war Gustav Reuter nicht. Ganz und gar nicht. »Bleibt trotzdem die Frage«, fuhr er fort, »wozu brauchen Sie den LKW? Und was habe ich davon?«

Auf diese Frage war Werner vorbereitet. Er sagte Reuter die Wahrheit. Verhehlte nicht, dass er einer Femme fatale verfallen war. Und bot ihm an mitzukommen.

Reuter grinste. Chapeau, Herr Kommissar. Da hat sich dieser Blässling eine zweite Pola Negri geangelt?! Wenn das mal stimmte … Reichlich dumm war es in jedem Fall, sich so einem kleinen Satansbraten – mochten Lärvchen und Figürchen noch so allerliebst sein – auszuliefern. Und dazu auf ein Happy End im Schwäbischen zu hoffen, ausgerechnet bei den Biedermeiern da unten. Aber nun ja, chercher la femme … Und dafür hatte Hoppe-Reuter dann doch Verständnis. Freute sich bereits auf den Anblick jener sagenhaften Fritzi – man möchte auf seine alten Tage und nach der ganzen Kriegsgrauheit ja auch noch mal was Schönes sehen. Dennoch zierte er sich; dabei hatte er sich längst entschieden: Er würde zusagen. Aber Polizist blieb Polizist. Und die durfte man ruhig ein bisschen auf die Folter spannen. Außerdem, ein paar Tage würde er schon brauchen, bis er die Lage gepeilt, ein paar Vorkehrungen getroffen und Passierscheine besorgt hatte.

***

Knapp eine Woche später marschierten zwei GIs, die nie den großen Teich überquert hatten, von denen der eine kaum ein Wort Englisch konnte und der andere es zwar sprach, aber einen Sergeant nicht von einem Lieutenant zu unterscheiden vermochte, lässig grüßend an den Posten vorbei, die einen der amerikanischen Militärfuhrparks in Berlin bewachten. Entspannt salutierend, selbstsicher, selbstverständlich, ohne zu zögern – auf diese Weise gelangte man, wie Reuter behauptete, an jedem Pförtner der Welt vorbei.

Werner trabte hinter Hoppe-Reuter her, obwohl er die Selbstsicherheit, die Selbstverständlichkeit, die es brauchte, kaum zustande brachte. Am liebsten hätte er die Aktion abgeblasen. Wenn sie erwischt würden, würden sie ins Gefängnis – und zwar in ein richtiges – oder vielleicht sogar aufs Schafott gehen. Fritzi würde ihn ohnehin fallenlassen, sobald sie ihn nicht mehr brauchte. Ach Fritzi … Wie hatte sie ihn gequält, während sie gemeinsam warteten, dass diese endlose Woche vorüberging und Hoppe-Reuter endlich grünes Licht gab.

Jetzt ließ der Meisterdieb keine Einwände mehr gelten, seine alte Tollkühnheit blitzte ihm wieder aus den Augen; und er würde den Coup auch nicht solo durchziehen, wie Werner fast flehend vorschlug, während ihm das Herz so laut in der Kehle schlug, dass er sich sicher war, jeder da draußen von den Soldaten und dem Zivilpersonal auf dem Gelände könne es hören. Das Gelände war früher der Fuhrpark der Berliner Polizei gewesen, Werner kannte sich dort aus. Ohne diese Ortskenntnis würde selbst Reuter es nicht schaffen.

Ansonsten hatte Reuter die Aktion tadellos vorbereitet, das musste Werner ihm lassen. Die Passierscheine waren blanko unterschrieben und warteten nur auf ihre Namen, Fritzi, Reuters, seinen. Zwei Uniformen der Einheit, die für die Wartung aller Fahrzeuge zuständig war, hingen sauber gebügelt bereit. Reuter hatte die Posten am Tor lange genug beobachtet, um zu wissen, dass die Kontrollen eher lasch waren. Dass man sie mit der nötigen Chuzpe mühelos überwinden konnte. Dazu sprach er, der notorische Herumtreiber, so gut Englisch, dass er für einen emigrierten deutschen Nazigegner durchgehen würde, der sich den US-Truppen angeschlossen hatte, um sein Heimatland zu befreien. Und er verstand genug von Autos, um nicht auf den ersten Blick als Hochstapler entlarvt zu werden. Was sollte also schiefgehen?

Werner ließ sich schließlich mitreißen. Es war ohnehin einerlei, was er tat. Warum also nicht zu Ende bringen, was er angefangen hatte? Also trottete er hinter Reuter her über den freien Platz, der die Mitte des Fuhrparks bildete. Schlurfte mit hängenden Schultern daher, bis Reuter ihm den Ellbogen in die Rippen stieß: Nicht so schlaff, es muss immer noch so aussehen, als hätten wir ein Ziel, einen Auftrag. »Wie bei Hunden oder Pferden: Wenn du Unsicherheit zeigst, spüren sie das sofort. Und beißen zu oder werfen dich ab.«

Während sie über den Platz marschierten, blickte Reuter sich prüfend um. Links und rechts standen Garagen, in denen vom Jeep bis zum Panzertransporter alle möglichen Fahrzeuge repariert und gewartet wurden. Wagen um Wagen musterte er, ob ein geeigneter dabei war. Aber sie fanden keinen.

»Scheiße, es funktioniert nicht«, raunte Werner Reuter zu. »Wir sollten sehen, dass wir so schnell wie möglich wieder wegkommen.«

»Nur die Ruhe.« Reuter lief auf die Wand neben einer leeren Garage zu. Seine Haltung hatte sich vollkommen verändert; jetzt schlenderte er, ja, wirklich, er schlenderte. Schlenderte zu der Wand, lehnte sich an.

»Ich denke, wir müssen in Bewegung bleiben. Immer so tun, als hätten wir ein Ziel, einen Auftrag.«

Reuter zog eine Schachtel Zigaretten aus der Tasche und bot Werner eine an. »Wir machen kurz Pause. Der Dienst ist hart, da wird das wohl erlaubt sein, oder?«

Werner lehnte ab – Nichtraucher. »Dann rauchen Sie jetzt, verdammt noch mal«, zischte Reuter. »Wir müssen einen Grund haben, dass wir hier stehen.« Ergeben nahm Werner die Zigarette, hätte in diesem Moment sogar noch lieber mit Todesverachtung ein Veilchenbonbon gelutscht. Hustete bei den ersten Zügen, sodass Reuter entnervt zu ihm herüberschaute. Doch dann gelang es Werner zu rauchen, als hätte er in seinem Leben nie etwas anderes getan. Um sein Leben zu rauchen. Entsprechend verzweifelt krallte sich seine Hand um das Salmiakpastillendöschen in seiner Tasche. Die beiden standen da, ließen ihre Blicke scheinbar absichtslos über den Platz schweifen.

Reuter, der gar nicht mehr so kräftige, gar nicht mehr so muskulöse Reuter, wirkte dabei ganz entspannt. Bei Reuter wäre niemand auf die Idee gekommen, er gehöre nicht hierher. Er war der perfekte GI. Strahlte es einfach aus.

Im Gegensatz zu Werner. Er hatte sein Leben lang Angst gehabt. Immer nur Angst. Hatte sich stets alle möglichen Katastrophen ausgemalt. Und was hatte ihm das genützt? Nichts. Jetzt war die größte Katastrophe von allen passiert. Die einzige, mit der er nicht gerechnet hatte. Jetzt war der einzige Ort weggebrochen, an dem er sich in seinem Leben jemals wirklich sicher gefühlt hatte: das Kripodezernat, die kleine Schar von Kollegen, mit denen man täglich zusammenarbeitete und freundliche Belanglosigkeiten austauschte. Der Dienst, die Routine. Schlimmer noch: Jetzt war er einer von den Bösen. Musste dringend in den Westen, ehe sich die russische Schlinge um seinen Hals zuzog. Und das Allerschlimmste: Er musste sich auf zwei Menschen verlassen, für die Treue und Verlässlichkeit Fremdwörter waren: Luder Fritzi und Schlitzohr Reuter.

Schlagartig dämmerte ihm, auf was für ein Himmelfahrtskommando er sich da eingelassen hatte, was für ein naiver, unbelehrbarer, gehöriger höriger Idiot er war. Was konnte hier nur alles geschehen?! Da musste bloß einer der Offiziere, die sich über das Gelände bewegten, sie ansprechen, nach Einheit und Auftrag fragen. Sie würden standrechtlich erschossen, wenn sie aufflögen. Na gut, irgendwann mussten sie alle sterben …

Doch nichts dergleichen passierte. Die Offiziere erwiderten nur die saloppen Grüße, die auch Werner – er wusste selbst nicht wie, schierer Überlebensinstinkt vermutlich – herausbrachte, und gingen weiter, an ihnen vorbei. Plötzlich wurde ein offenkundig frisch gewarteter Truppentransporter aus einer der Garagen gefahren. Reuter stieß Werner an: »Das wär's doch, oder?«

Werner nickte angespannt.

»Na, dann los.«

Der GI, der den Wagen aus der Garage kutschiert hatte, stellte ihn ab und ging zurück. Reuter warf nach einem letzten Zug die Kippe weg, stieß sich von der Wand ab, rückte sein Schiffchen gerade, begab sich zu dem LKW – nicht zu schnell, schließlich war es Arbeit, nicht zu langsam, schließlich war man beim Militär -, öffnete das Führerhaus, stieg ein, reichte Werner die Kurbel, ganz wie sie es abgesprochen hatten. Werner warf den Wagen an und kletterte auf den Platz neben Reuter. Der fuhr los.

Steuerte aber nicht, wie Werner erwartet hatte, zum Tor, sondern zur Tankstelle, die, wie Werner ihm vorher erklärt hatte, in einer Stichstraße links vom Hauptplatz lag. »Was wird das denn jetzt? Wir sollten endlich machen, dass wir wegkommen«, zischte Werner ihn an. Jetzt, wo sie es schon so weit geschafft hatten, wollte er nicht mehr erwischt werden. Man musste das Glück, das sie bisher gehabt hatten, nicht auch noch herausfordern.

»Wenn wir nicht tanken, fallen wir auf. Außerdem, was meinen Sie, was Ihre Süße Ihnen erzählt, wenn Sie mit 'nem leeren Tank ankommen? So viele Tankstellen gibt es nicht mehr in der alten Reichshauptstadt.« Werner seufzte. Nickte dann aber, ja, in Ordnung, Reuter wusste, was er tat. »Außerdem«, fuhr jener fort, »ein bisschen Sprit können wir gut brauchen, oder? Es soll schließlich wenigstens bis über die Zonengrenze reichen.«

Vergnügt hielt Reuter an der Pumpe, sprang vom Fahrersitz und schaute, die Hände in den Hosentaschen, in aller Seelenruhe zu, wie der GI, der an der Tankstelle Dienst hatte, den Tank füllte. Plauderte sogar mit ihm, die beiden rissen Witze, lachten. Werner sah ihnen aus dem Führerhaus zu, bewunderte die Ruhe, die Gelassenheit. Die fröhliche Verbindlichkeit. Das Selbstbewusstsein. Das alles fehlte ihm. Wenn er das hätte, würde Fritzi ihn besser behandeln, ja, zu ihm aufschauen … Aber er hatte es nicht. Würde es niemals haben.

Anders als Reuter. Was hätte der nicht erreichen können, dachte Werner, wenn er sein Geld nicht immer bei den Pferden lassen würde? Was hätte der erreichen können, wenn er seine Talente für ehrliche Geschäfte eingesetzt hätte? Was für eine Verschwendung von Möglichkeiten, dachte Werner. Fast tat es ihm leid, dass er Reuter bei nächster Gelegenheit bei den Amis verpfeifen würde – noch ehe sie die Zonengrenze erreichten. Nie im Leben würde Fritzi sich darauf einlassen, dieses Subjekt mitfahren zu lassen. Deshalb blieb gar keine andere Möglichkeit. Außerdem würde Reuter nicht allzu viel passieren, hoffte Werner, er war kein Nazi gewesen. Kein hohes Tier bei der Gestapo oder der SS. Ein gemeiner kleiner Dieb eben, nichts weiter.

Reuter stieg wieder zu Werner ins Führerhaus; der Tankwart kurbelte den Motor an, sie rollten auf das Tor zu. Erwarteten, dass der diensthabende GI die Schranke öffnete. Ihr Plan war, das Gelände genauso wieder zu verlassen, wie sie hereingekommen waren, mit frecher Selbstverständlichkeit. Aber der Posten drückte die Schranke nicht hoch. Reuter hupte, doch der Mann hob nur die Hand.

Werner spürte, wie Angstschauer durch seinen Körper peitschten. Plötzlich war ihm nichts mehr egal. Er wollte um keinen Preis erwischt werden, ein intuitiver, vegetativer Fluchtreflex ergriff von ihm Besitz. »Fahren Sie weiter. Die Schranke ist doch kein Hindernis.« Er schrie beinahe.

»Dann haben wir in Null Komma Nix die gesamte amerikanische Armee auf den Fersen. Und gegen die war schon unsere glorreiche Wehrmacht chancenlos«, meinte Reuter trocken. Trat aufs Bremspedal, kurbelte die Scheibe runter, sprach mit dem wachhabenden GI.

Werner wischte sich vorsichtig den Schweiß von der Stirn. Bloß jetzt nicht auffallen. Bloß nicht zeigen, wie groß seine Angst war. Er lauschte, verstand aber kein Wort von dem, was Reuter mit dem amerikanischen Soldaten verhandelte, die beiden sprachen zu schnell. Nur eines war klar: Es gab Schwierigkeiten. Der GI schüttelte bei allem, was Reuter sagte, den Kopf. Der Ton des Wortwechsels wurde lauter, schärfer. Schließlich verschwand der Posten in seinem Wachhäuschen.

»Was ist los?« Der Angstschweiß rann Werner in Bächen den Rücken hinunter.

»Der will uns ohne schriftlichen Befehl nicht rauslassen. Ich habe ihm gesagt, den gäb's nicht. Wir wären in geheimer Mission unterwegs, bräuchten den Wagen, um untergetauchte Nazi-Bonzen zu schnappen.«

»Wie bitte? Sind Sie wahnsinnig, Mann?« Was für eine schwachsinnige Ausrede!

»Aber trösten Sie sich, er glaubt uns sowieso nicht. Ich habe ihm gedroht, aber das hat auch nichts genützt, er will zumindest den Namen des verantwortlichen Offiziers wissen. Jetzt holt er seinen Vorgesetzten.« Reuter wirkte zum ersten Mal so, als könnte auch ihm bange werden. »Wir brauchen Glück. Eimerweise Glück.«

»Bindelglas. Lieutenant Bindelglas. Vom militärischen Geheimdienst.« Werner erschrak. Es war ihm so herausgerutscht. Aber vielleicht war es richtig. Vielleicht war es ihre einzige Chance.

Reuter sah Werner verwundert an. »Gibt es den wirklich?«

»Ja, verflucht.« Werner ignorierte das Misstrauen in Reuters Stimme. Nahm erstaunt und in geradezu irrwitziger Klarheit wahr, dass er sprach, ohne zu denken. Etwas anderes als der Verstand hatte von seinem Gehirn Besitz ergriffen.

Der Wachposten kehrte mit seinem Vorgesetzten, einem Sergeant wie Reuter, nebst einer Liste zurück. Reuter nickte dem Sergeant freundlich zu. Und, soweit Werner verstand, entschuldigte er sich bei ihm, er müsse seine Befehle befolgen. Der Unteroffizier nickte verständnisvoll; aber auch er hatte seine

Befehle, durfte keinen Wagen ohne Genehmigung vom Fuhrparkgelände lassen. Patt.

Reuter wartete. Werner wartete ebenfalls, wartete qualvoll, gepeinigt, gefoltert. Warum nannte Reuter dem Sergeant nicht einfach Bindelglas' Namen, und sie konnten weiterfahren? Aber sein Kompagnon wider Willen zögerte. Ein professioneller Zocker, der ein annehmbares, beileibe nicht überragendes Blatt ausreizt.

Der Sergeant wartete ebenfalls. Reuter und er waren im Rang gleich, keiner konnte dem anderen etwas befehlen. Keiner der beiden gab nach. Hinter ihnen stauten sich die Wagen, einige hupten. Schließlich raunte der amerikanische, der echte Sergeant seinem ebenso echten Untergebenen etwas zu.

Sie könnten nicht weiter den ganzen Verkehr blockieren, teilte der Wachposten den beiden im Transporter daraufhin gehorsam mit. Entweder sie nannten ihnen wenigstens den Namen des verantwortlichen Offiziers, oder sie müssten zur Seite fahren und man würde den nächst höheren Offizier des Wachdienstes rufen.

Reuter legte seine Stirn in schwere Denkerfalten, seufzte nach einer langen Kunstpause tief, winkte den Sergeant heran, beugte sich zu ihm und flüsterte ihm – und nur ihm und nur unter dem Siegel absoluter Verschwiegenheit – einen Namen zu. Bindelglas, Lieutenant Bindelglas. Der Sergeant überflog die Liste und fand den Namen. Fand tatsächlich den Namen eines Lieutenants Bindelglas, der, wie der fremde Sergeant im LKW behauptete, beim OSS war, dem Armeegeheimdienst.

Fast erleichtert ließ der Unteroffizier die Schranke öffnen. Unbehelligt rollten Werner und Reuter aus der Einfahrt, vorbei an den beiden zackig grüßenden Amis. Die schienen genauso froh zu sein, dass es endlich vorüber war, wie Reuter. Wie Werner.

Reuter gab Gas, ohne weitere Schwierigkeiten bogen sie um die nächste Ecke. »Sehen Sie, so macht man das«, verkündete er mit Siegermiene. »Wenn ich denen sofort den Namen gegeben hätte, hätten sie mir nicht geglaubt. Aber nach der ganzen Geheimnistuerei brauchte es nur noch eine kleine Bestätigung, dass wir keine falschen Fuffziger sind. – Was ist? Kommen sie hinter uns her?«

Werner schüttelte den Kopf. Er hatte die ganze Zeit über nervös in den Rückspiegel geblickt. Aber niemand verfolgte sie. Sie hatten es geschafft. »Sehen Sie, wir haben es geschafft. Unser tapferer Kommissar hätte sich vor Schiss allerdings fast in die Hose gemacht, was?«

»Ihre ganze Geschichte hätte nichts, aber auch gar nichts genützt ohne das richtige Körnchen Wahrheit. Hätte ich Lieutenant Bindelglas nicht gekannt, wären wir geliefert gewesen.«

»Ja, woher kennen Sie überhaupt so ein hohes Tier?«

»Er hat mich mal festgenommen. Aber ich konnte ihm entwischen.« Es läuft immer besser mit dem Lügen, Improvisieren, Extemporieren, stellte Werner, von sich selbst verblüfft, fest. Ich könnte mich daran gewöhnen. Das würde auch die Machtverhältnisse mit Fritzi verändern. Er konnte sich ein innerliches Schmunzeln nicht verkneifen.

Reuter warf ihm einen argwöhnischen Blick zu, den Werner sich zu erwidern zwang. Unvermittelt begann der Ganove zu lachen. »Alle Achtung, Herr Kommissar, soviel Chuzpe hätte ich Ihnen gar nicht zugetraut. Wir ergänzen uns ausgezeichnet. Wir sollten öfter zusammen ein Ding drehen.« Reuter schlug Werner jovial auf den Schenkel. Der zuckte leicht zurück. Diese Art von Vertraulichkeit war ihm zuwider.

Dennoch klang das Wort wie ein Adelstitel in sein Ohren wieder. Chuzpe ... Er, Werner Treitschke, besaß Chuzpe. Werner lehnte sich zurück, gestattete sich für einen Moment, die Augen zu schließen und sich Fritzis Gesicht auszumalen, wenn sie mit dem LKW vorfuhren. Wie sie ihm in die Arme fliegen, wie sie ihn bewundern und verwöhnen würde. Ach Fritzi ... Mit ihr würde er es sogar im Schwäbischen aushalten, er, der Preuße, der eingefleischte Berliner.

Langsam löste sich die Spannung der letzten Stunde. Im Hochgefühl der überstandenen Gefahr, in der Euphorie der überwundenen Angst spürte Werner plötzlich Kraft. Eigensinnige, zornige Kraft. Wenn die Dame nicht spurt, dann eben ohne sie. Ihr Fehler, ihr Verlust. Ich werde es schaffen, dachte er. Ich bekomme meinen Neuanfang. Allein. Oder mit einer anderen. Einer, die mir mit mehr Achtung begegnet.

Unwillkürlich fingerte Werner in seiner Tasche. Ertastete die Blechdose mit der letzten Salmiakpastille, seinen Schatz. Jetzt hatte er noch einen: den LKW. Jetzt war der richtige Zeitpunkt, sie zu lutschen. Zur Feier des Tages. Besser als jeder Champagner. Bald würde er Champagner in Hülle und Fülle haben. Champagner, Salmiakpastillen – er würde alles haben, was er wollte, überreichlich.

Werner öffnete das Döschen. Und anstatt die kleine schwarze rautenförmige Pastille wie unzählige Male in den letzten, verflucht knappen und harten Nachkriegswochen nur sehnsüchtig zu betrachten, steckte er sie in den Mund, schloss die Augen. Überließ sich dem lang vermissten, leicht scharfen Geschmack, überließ sich dem Ruckeln des Wagens auf den mit Schlaglöchern übersäten Straßen. Lächelte flüchtig in sich hinein und fiel in leichten Schlummer. Kein Wunder, er hatte seit Tagen nicht geschlafen, hatte nächtelang Fritzis fast kindliches Gequengel, ihre jähen Wortattacken über sich ergehen lassen müssen: Wann beschaffst du mir endlich meinen Umzugswagen? Muss ich wen anders darauf ansetzen? Nein, hatte Werner sich jedes Mal hastig bemüht zu erwidern. Und betont verdrängt, ob es vielleicht wirklich noch welche von denen gab, den anderen …

Plötzlich hielt Reuter an. Werner fuhr hoch. »Sind wir schon da?« Er schlug die Augen auf und sah sich um. Sie waren kilometerweit von Mahlsdorf entfernt. »Was …?«

»Aussteigen.«

»Wie bitte?«

»Aussteigen!«

»Was ist in Sie gefahren, Mann?« Werner wandte sich Reuter zu. Und blickte in die Mündung einer Pistole.

»Aussteigen. Und keine Sperenzchen. Die ist geladen.«

»Aber ...« Werner begriff nichts. Und wusste doch im selben Moment alles, was er wissen musste. Er war betrogen worden.

»Kommissar Treitschke.« Ein herablassendes Zungenschnalzen. »Ich hatte Sie für klüger gehalten. Der Plan war gut. Und Ihre Ortskenntnis mehr als nützlich. Dazu der Geistesblitz mit diesem Lieutenant Bindelglas. Alle Achtung. Aber wie konnten Sie sich einbilden, dass ich Ihnen vertrauen würde? Sie und Ihr Flittchen servieren mich doch ab, ehe ich Piep sagen kann.«

»Bindelglas gibt es –«

»Papperlapapp, Bindelglas Schwindelglas. Aber das war nur das Tüpfelchen auf dem i. Ich hätte Sie allemal hier rausgeworfen.« Reuter lächelte, beinahe charmant, beinahe verlegen. »Ich habe ein paar Schulden. Ein paar mehr Schulden, genauer gesagt. Schulden, die mich sehr, sehr drücken. Und die werde ich auf diese Weise los.« Fast liebevoll tätschelte er das Armaturenbrett. »Und geben Sie es zu, Herr Kommissar: Ich wäre niemals mit Ihnen ins Schwäbische gefahren. Das hätte Ihre niedliche Xanthippe nicht zugelassen. Also, steigen Sie endlich aus!«

Werner konnte sich nicht bewegen. Sagte nichts, dachte nichts. Starrte Reuter aus leeren Augen an.

»Los jetzt. Ich hasse Gewalt. Aber das heißt nicht, dass ich nicht schießen würde, wenn es nötig ist.«

Daran zweifelte Werner nicht, das drang zu ihm durch. Er öffnete die Tür, rutschte vom Sitz, sprang hinaus. Reuter warf ihm eine Schachtel Amizigaretten zu. »Danke für die Inspiration und nichts für ungut, Herr Kommissar.«

Er fuhr los, ohne die Tür zu schließen, die im Fahrtwind klapperte. Bog um die nächste Ecke; das Klappern war noch eine kurze Zeit zu hören, ehe es verstummte.

Werner stand reglos da, schaute dem Wagen nach, auch als er schon lange nicht mehr zu sehen, das Klappern schon lange nicht mehr zu hören war. Alles war wie immer. Wie immer in seinem Leben. Er war der Verlierer. Der ewige Verlierer. Wie hatte er nur glauben können, er würde es schaffen? Wie hatte er nur glauben können, er würde ein neues Leben anfangen? Mit oder ohne Fritzi.

Er stand da, wusste nicht, wie lange. Ging schließlich los, trottete weiter. Einfach weiter. Was sollte er sonst tun? Trottete bewusstlos, mechanisch die Straße hinunter.

Als er die Ecke erreichte, um die Reuter mit dem LKW gebogen war, blickte er eher zufällig die Straße hinunter.

Und bemerkte, dass der LKW ein Stück weiter stand.

Hoffnung explodierte in Werner – hatte Hoppe-Reuter es sich anders überlegt und wartete auf ihn?

Da entdeckte er ihn. Soeben kletterte der Mistkerl mit erhobenen Händen aus dem Führerhaus. Vor ihm stand ein amerikanischer MP mit erhobener Waffe. Reuter war in eine Patrouille geraten. Sei es aus purem Zufall, sei es, dass der Sergeant doch Verdacht geschöpft, bei Bindelglas nachgefragt und dann sofort die Militärpolizei losgeschickt hatte.

Reuter musste sich breitbeinig an den Wagen stellen, wurde von einem weiteren MP nach Waffen abgetastet. Der fand die Pistole, steckte sie in seinen Gürtel. Waffenbesitz war Deutschen nicht gestattet. Das konnte das Todesurteil für Reuter bedeuten. Und für ihn selbst ebenfalls, wenn er noch in dem LKW gesessen hätte, dachte Werner. Und: Was schleppt der Idiot auch eine Pistole mit sich herum?

Einer der Militärpolizisten entdeckte Werner und schrie ihm etwas zu, das er nicht verstand. Aber es war eindeutig, was der Mann von ihm wollte: Weitergehen! Hier gibt es nichts zu glotzen.

Schon verstanden. Gut. Auch egal. Wie Sie wollen. Werner schlurfte weiter. Schlurfte Stunden um Stunden. Bis er um die Ecke bog, die Mahlsdorfer Gründerzeitvilla vor sich sah und seinen Augen nicht traute: Soeben trugen die beiden amerikanischen Militärpolizisten, die eben noch Reuter verhaftet und den Truppentransporter beschlagnahmt hatten, die letzten Truhen, Koffer und Bilder aus dem Haus und beluden damit den großen, schweren Wagen. Fritzi huschte in einem bezaubernden leichten Sommerkleid zwischen Haus und LKW hin und her und beaufsichtigte. Leuchtete wie ein dunkler Diamant. Gurrte, lachte, wimpernklimperte. Verteilte Küsse, rannte noch einmal zurück ins Haus, kehrte mit Handtasche und Schmuckschatulle zurück, stieg, ohne die Villa und ihr altes Leben eines weiteren, letzten Blickes zu würdigen, zu den beiden feschen, feisten Kerlen mit ihren glattrasierten, wohlgenährten Gesichtern ins Führerhaus. Sie knatterten los …

… und Werner hatte sich die ganze Zeit nicht von der Stelle gerührt, war unfähig gewesen, irgendetwas zu tun, irgendetwas zu sagen. Zu schreien. Vollkommen entgeistert schaute er dem Wagen nach. Konnte an nichts anderes denken, als dass Fritzi ihn von Anfang an benutzt und reingelegt hatte; und er, der alte Ermittler-Fuchs, Lehmanns Musterschüler, der ihm in allem nachgeeifert hatte, war vernagelt, blind, blöd gewesen. Die verehrte gnädige Kriminalrats-witwe Friederike Lehmann hatte den Umweg über ihn gebraucht; sonst hätten sich die beiden munteren Kameraden nicht einfach mal eins dieser Army-eigenen Fahrzeuge für ihr deutsches Liebchen besorgen können. Doch über den Werner-Umweg konnten sie behaupten, die Diebe seien ihnen entwischt und mit ihnen leider, leider – so sorry, Sir! – auch der Truppentransporter. Die Passierscheine hatte Werner dem Trio sogar auch noch geliefert, dankeschön bittesehr; gewiss lagen sie weiterhin gut verwahrt auf der Armatur, wo Hoppe-Reuter sie stolz deponiert hatte. Der jetzt vermutlich irgendwo in einem Versteck hockte und sich verdutzt die Augen rieb, warum er zwar den Truppentransporter los war, seine Freiheit jedoch wundersamerweise hatte behalten dürfen.

Werner blinzelte einmal, zweimal … Der große schwere Wagen war längst fort, das Motorengeräusch verklungen, doch sein Blick konnte sich nicht lösen von der Richtung, in die alles, was er an Zukunft zu haben geglaubt hatte, entschwunden war. Plötzlich begann er zu lachen. Immer lauter, unbändiger, selbstvergessener, befreiter. Breitete die Arme aus, schickte eine Lachkaskade gen Himmel. Sie würden schon noch sehen, was sie an Fritzi hatten, die Burschen ...

die **autorinnen**

Christine Paxmann schreibt seit über 25 Jahren Bücher und denkt sich Geschichten aus. 1984 war sie das erste Mal in Ostberlin. Eigentlich lebt sie in München, aber Silvester 1989 hat sie tatsächlich am Brandenburger Tor verbracht. Unzählige Berlinbesuche mit und ohne Begleitung sollten dann vergehen, bis aus allen Eindrücken eine Geschichte wurde.

Bea Kemer lebt seit den Achtzigerjahren in Berlin. Ihre Richterrobe zog sie 2009 aus und arbeitet nunmehr als freie Autorin und Mediatorin in ihrer Wahlheimat. Sie schreibt überwiegend Kurzgeschichten. 2012 erschien im »Verlag am Schloss« ihr Erzählband *Starke Bande*. Sie ist derzeit erste Vorsitzende des Autorenforums Berlin.

Antje Steinhäuser hat Berlin immer auf ganz eigene Weise bewegt und fasziniert, das Weltstädtische, die Narben, das Raue. Sie hat diese Stadt über Jahrzehnte hinweg immer wieder besucht, durchwandert, bestaunt, ertragen. Um dann das Weite zu suchen. Und dann zurückzukommen. Heute lebt sie als freie Lektorin und Autorin mit ihrem Mann und ihren zwei Töchtern in München.

Anne Schieckel ist zwar keine Berliner Göre, aber ihre familiären Wurzeln in und rund um die Hauptstadt führen sie immer wieder dorthin. Sie lebt als Business Coach und Mediatorin in München.

Katrin Deibert ist in Berlin geboren und aufgewachsen. Die Stadt prägte ihre Sicht auf die Welt und ihr Lebensgefühl. Menschliche Beziehungen sind ihr Thema. Dabei porträtiert sie in Geschichten bevorzugt Menschen, die sich ihren Lebensunterhalt verdienen. Polizisten, Handwerker, Floristen, Opernsänger. »Die wenigsten von uns sind Prinzessinnen oder Vampire, deshalb finde ich es schön, wenn wir die Protagonisten in ihrem Arbeitsalltag erleben.«

Nicole Joens verliebte sich mit zwölf Jahren in die damals geteilte Stadt. Als 1989 die Mauer fiel, packte sie ihre Koffer in New York und freute sich für die Berliner Filmfirma Novafilm TV-Drehbücher zu schreiben. Durch Kinder und ihre große Liebe primär an München gebunden, eröffnete der CINDIGO-Verlag 2012 ein bescheidenes Berliner Standbein. Seitdem gedeihen auch viele spannende Freundschaften in der großen Bärin Berlin.

Katja D. Schreiber ging zum Studium nach Berlin und blieb. Mit Mauer und ohne Mauer. Großstadt. Welten. Sie folgt einem Kompass. Zur Ortung in heimischen Gefilden und in der Fremde. Reisen in Begegnungen und Geschichten. Die sie findet und erfindet. Reisen in der Gegenwart. In die Vergangenheit. In die Zukunft. Ortung mit Recherche und Phantasie.

Gabriele Kosack hat es schon immer in die Großstadtdschungel dieser Welt gezogen, was vielleicht auch der Tatsache geschuldet ist, dass sie auf der indonesischen Dschungel-Insel Nias geboren wurde. Sie verliebte sich gleich bei ihrem allerersten Besuch in – damals noch West- – Berlin, stieg am Bahnhof Zoo aus und wusste: Das ist meine Stadt! Der Liebe wegen zog es sie zwar später in den Narrendschungel am Rhein – doch der berühmte Koffer steht bis heute an der Spree.

Alexandra Lüthen, 1977 in Westfalen geboren, hat eine Urgroßmutter, die zur Kaiserzeit in Berlin in Stellung war und einer ihrer Ururgroßväter diente bei den Langen Kerls. Ihre Vorfahren würden die Stadt nicht mehr wiedererkennen und auch sie selber wundert sich oft, dass gestern doch noch etwas da war, was heute schon wieder ganz anders aussieht. Aber Menschen, die bleiben. Obwohl sie sich ebenfalls verändern. Das interessiert die Autorin und darüber schreibt sie.

Albertine Lukilian wurde in Kanada geboren, wuchs in Ostfriesland auf, verbrachte ein paar Monate in Ägypten und zog zum Studium nach Berlin. Dort lebt sie seit nunmehr fast dreißig Jahren immer noch, zusammen mit ihrem Mann und drei Kindern. Sie befasst sich seit langem mit der arabischen Sprache und Kultur, ist Mitglied beim Autorenforum Berlin und schreibt Prosatexte für Erwachsene und Kinder.

Manhattan *crime*

Der Sehnsuchtsort Manhattan zeigt seine dunkle Seite: Halloween in China- town. Eine Bürgerwehr gegen den Terror. Museen als Bühne des Wahns. Mörder-Mode, eine Subway-Tote und Abgründe in Häuserschluchten und hinter Fassaden des Big Apple. Spannungsreiche Stories von Frauen, die der düsteren Seele der pulsierenden Stadt verfallen sind.

Manhattan tough: Das Böse lauert in elf abwechslungsreichen Kurzgeschichten, faszinierend und gelegentlich tödlich wie das Leben im Herzen von New York.

256 Seiten
Broschur, eBook
ISBN: 978-3-944251-28-8

Mehr über unsere

Filme, Musik, Bücher:

http://www.cindigo.de

facebook: CINDIGO*verlag*

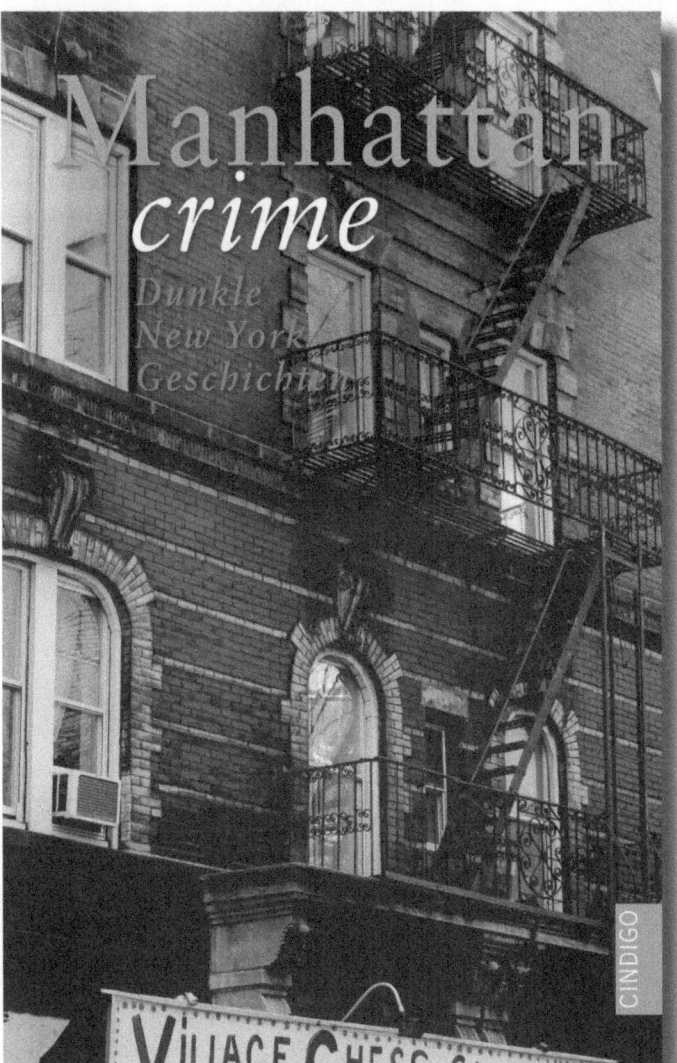

Manhattan
crime

*Dunkle
New York
Geschichten*

CINDIGO

Manhattan *tender*

Seit Jahrzehnten wächst sie, die Liebesbeziehung zwischen Schriftstellerinnen und dem Big Apple und blüht auf vielerlei Weise. Die Erzählungen in diesem Band kreisen um die Liebe zu Manhattan, umspielen ein zärtlich melancholisches Gefühl oder sind der Nostalgie geweiht.

Vorsicht ist geboten: Diese kurzweilige Anthologie über einen der größten Sehnsuchtsorte der Welt könnte zum Kauf eines Flugtickets verführen!

240 Seiten
Broschur, eBook
ISBN: 978-3-944251-23-3

Mehr über unsere

Filme, Musik, Bücher:

http://www.cindigo.de

facebook: CINDIGOverlag

Manhattan
tender

Zärtliche New-York-Geschichten

CINDIGO

GLYCINIENMORD

»Willst du Mord oder Liebe?«

»Könnte ich nicht beides haben…?«

Kurz vor ihrem Tod schreibt Gisela in Niederbayern das Wort »Glycinie« mit Blut auf ihre Bettdecke im Hospiz. In New York bekommt der erfolgreiche Ermittler und Dozent Dr. Jens Hauser eine kryptische Nachricht über illegale Machenschaften in seiner niederbayerischen Heimat.

Nach Deutschland zurück zu kehren ist er nicht nur seiner Kindheitsfreundin Gisela schuldig, sondern vor allem sich selbst.

336 Seiten
Broschur, eBook
ISBN: 978-3-944251-19-6

NICOLE JOENS

GLYCINIEN MORD

KRIMINALROMAN

CINDIGO

Hopfenkönigin

»Schon mal richtig zugedröhnt gewesen?«

»Du etwa nicht?«

Bei einer Bestattung in dem fränkischen Touristenstädtchen Spalt wird das Skelett der verschwundenen Hopfenkönigin Sandy Baker entdeckt. Die Tochter eines US-Offiziers und einer Lehrerin erregte einst als skandalumwitterte Geliebte der lokalen Bier-Patriarchin Aufsehen.

Eine erste Spur führt zu einem vertuschten Mord an einem US-Piloten auf einer exzessiven LSD-Party, die jetzt dreißig Jahre her ist, jedoch in dem beschaulichen Ort offene Wunden hinterlassen hat.

352 Seiten
Broschur, eBook
ISBN: 978-3-944251-26-4

Isisblüte

Nach *Glycinienmord* und *Hopfenkönigin* erscheint *Isisblüte* als dritter Fall der Ermittler-Reihe **Frauen Morden Besser** um Jens, Olivia und Lillian im Herbst 2015.

NICOLE JOENS

HOPFEN KÖNIGIN

KRIMINALROMAN

CINDIGO